東　方　美　味　指　食

Dietmar Doktor

Fingerfood fernköstlich

Foodfotos von Klaus Arras, Reiseaufnahmen von Dietmar Doktor

Ich danke

Rosi
für Durchsicht, Nachsicht, Einsicht und liebevolle Unterstützung;
Monika
für Geduld, Ordnen von Chaos und Geistesblitze;
Renate und der Stimme der Vernunft
für Tomaten, Wein und Geborgenheit auf Carrossa;
Matt Bianco, Sting, Chris Rea, Barry White, Vonda Shepard und
Buena Vista Social Club für Ohrenschmaus;
Ally McBeal für Schmunzel-Dienst-Tage und Augenschmaus;
jedenfalls: danke allen, besonders aber Adele.

5 4 3 2 1
ISBN 3-88117-541-5
Gestaltung: Anna de Riese, Sonja Köhler
Redaktion: Monika Römer

Printed in Belgium

Inhalt

Vor-Rat

Es gibt viele Mitmenschen, die sich tagtäglich einen Hamburger reinziehen – nur dreimal im Jahr nicht: zu Weihnachten, Silvester und zum Geburtstag, denn dann gibt's zwei Hamburger. Für all die ist dieses Buch nicht geschrieben, sondern eher für die Verbliebenen, den kleinen Rest der Welt.
Schnell, lecker und ohne großen Aufwand an Zeit und Finanzen sind die meisten Anregungen aus diesem Buch umzusetzen. Der Anfang ist möglich mit einem Minimum an Handwerkszeug und ein paar Grundzutaten. Sie werden zu Beginn des Buchs vorgestellt.
Und wenn man erst auf den Geschmack gekommen ist und durchstartet, wird der Bestand ein wenig aufgestockt. Und los geht's mit den fünf „F": finger-food-for-fun-fete. Also Freunde einladen, die Spaß daran haben, ihr Festessen gemeinsam zu kreieren!
Viele Füllungen können schon vorbereitet im Kühlschrank auf die Verkleidung warten. Und dann ganz einfach ins Buch schauen, sich anregen lassen von Fotos und Rezepten und loslegen nach dem Motto „cook doch mal".
In diesem Sinne gutes Gelingen und manchen charmanten Kochabend mit diesem Buch.

Fingerfood-Basics

Fingerfood ist ein trendiger Name für kleine Speisen mit uralten Traditionen, die weltweit vielfältige Parallelen haben. Vor allem die Länder Asiens haben jeweils eine eigene, überaus reiche Fingerfood-Kultur. Dieses Kapitel bietet zunächst einen kleinen Einblick in ihre faszinierende Vielfalt.

Wie Sie sehen werden, bedarf es nicht allzu vielem, um sich die Welt des asiatischen Fingerfoods auch vom eigenen Herd aus zu erschließen. Alle Utensilien, Zutaten und Küchentechniken, die Sie für die Basic-Rezepte des Buchs benötigen, werden Ihnen im weiteren Verlauf des Kapitels vorgestellt.

Fingerfood in Asien

In allen Ländern der Erde begannen Menschen irgendwann damit, Getreide oder getreideähnliche Pflanzen anzubauen, zu trocknen und dann fein zu zermahlen oder zu zerstampfen; das Ergebnis waren Weizen-, Reis-, Maismehl usw. Mit kaltem oder kochendem Wasser bzw. Milch, mit oder ohne Ei und Salz wurden daraus Teige für Brot und Kuchen oder, ausgerollt und geschnitten, für Nudeln und die wiederum zu Hüllen für Füllungen. Waren es zuerst oft nur Fleisch, Fisch oder Gemüse, die, klein gehackt und gewürzt, als Resteverwertung vom Vortag ihre Verwendung fanden, so gerieten die Füllungen mit der Zeit aufwendiger und raffinierter. Durch den Erfindungsreichtum von Frauen rund um den Erdball entstanden auf diese Weise Empanadas und Tortillas, Ravioli und Tortellini, Maultaschen, und wie sie sonst noch alle heißen mögen.
Und wenn einmal nicht mehr genug Nudelteig da war, wohl aber noch Füllung, dann wurde die – so wie sie war, oder mit Mehl, Stärke oder gekochtem Reis vermischt – zu Röllchen oder Kugeln geformt, gedämpft, gekocht, frittiert oder paniert gebraten. Schon entstanden neue köstliche Häppchen wie Fleischbällchen, Fischklößchen, Garnelenkugeln, Minifrikadellen und Cevapcici.

China, das Mutterland des asiatischen Fingerfoods

In China waren die Voraussetzungen besonders günstig für die Entwicklung einer höchst vielfältigen Häppchenkultur. Vor 1000 Jahren etwa begannen dort die Mönche Reisende und Pilger zu beherbergen und zu beköstigen. So ist überliefert, dass Klöster bereits während der Song-Dynastie (960–1279) Nudelküchen betrieben, in denen gedämpftes und frittiertes Gebäck – mit Bohnenpaste gefüllt – und gedämpfte Brotkuchen angeboten wurden. In Suzhon, der ehemaligen Reichshauptstadt, entstanden viele Teehäuser – und weil man gerne eine Kleinigkeit zum Tee aß, wurde die Stadt auch zur Geburtsstätte der Dim Sums. Die ursprünglichere Bezeichnung „Dim Sun" ist mit „Freude des Herzens" oder „das Herz berühren" zu übersetzen. Die Dim-Sun-Welle schwappte über das ganze chinesische Reich und die angrenzenden Nachbarländer. Und durch die unterschiedlichsten Einflüsse veränderten sich im Laufe der Jahrhunderte Füllungen, Formen, Zubereitungsarten und Garmethoden.

Da Chinesen traditionell nur ein kleines Frühstück zu sich nehmen, sind sie meist schon vor dem Mittagessen hungrig und brauchen eine kleine Zwischenmahlzeit, „xiao chi" genannt. Diesem Bedürfnis entsprechend, entstanden in den Städten Chinas am Straßenrand oder auf Nachtmärkten kleine Garküchen.

Wegen der ständig wachsenden Zahl von Konkurrenten ersannen die Besitzer immer neue Gerichte, um sich von den anderen abzuheben: So lässt sich Klebreis, das südostasiatische Pendant zu Brötchen und Paniermehl, kneten, mit Fleisch, Fisch oder Gemüse mischen, zu Kugeln formen und mit den Fingern essen. Außerdem kann man Fleisch- oder Garnelenbällchen mit Klebreis „panieren" und frittiert oder gedämpft verkaufen.

Von dort ist der Weg nicht mehr weit, Teige oder Füllungen flach zu drücken, als Pfannkuchen zu braten und sie im Ganzen oder portioniert anzubieten. Und da sich ein kleiner Grill mit etwas Holzkohle zum Straßenverkauf genauso schnell aufbauen lässt wie ein Ofen, der einen Wok zum Pfannenrühren oder einen Turm von Dampfkörben aufheizt, gibt es in Asien alles, was man aufspießen kann, auch gegrillt als Saté (kleine Spieße), oft außen kross, aber innen immer zart und saftig; denn die Asiaten sind Künstler in Sachen Einlegen, Marinieren und Zartmachen.

Zwar verbot Mao das Betreiben von Garküchen als kapitalistisches Übel. Doch seit der vorsichtigen Öffnung des Landes in den 80er Jahren ist dieses private Kleinstunternehmertum, in das sich zum Glück bis jetzt keine noch so großen Fastfood-Konzerne eingemischt haben, zu voller Blüte gelangt. Heute gibt es sie überall, die kleinen Stände am Straßenrand, und sie heißen ganz neumodisch „Dai pai dong" (food stalls) und „Long Chao Shon" (Futterstelle des Drachens). Es ist alles sehr viel lockerer geworden in China. Und in Hongkong erst recht.

Essen hat im Leben der Chinesen einen sehr hohen Stellenwert. Dies zeigt sich im Großen: Es wurde nicht nur am Kaiserhof in Peking, sondern in dem ganzen riesigen Land zu einer hohen Kunst entwickelt. Es zeigt sich aber auch im Kleinen: Auch heute noch wird ein Besucher in ländlichen Gegenden statt mit „Hallo" oder „Guten Tag" mit der Frage begrüßt: „Haben Sie schon gegessen?"

Statistisch gesehen geben Chinesen weniger als 5% ihres Einkommens für ihre Wohnung, aber mehr als 50 % für Essen aus. Und diejenigen, die selbst kochen, legen größten Wert auf möglichst frische Zutaten. Das ist auch nötig, weil in den meist sehr kleinen Wohnungen wenig Platz für die Lagerung von Lebensmitteln ist und nur etwa 12 % aller Haushalte einen Kühlschrank besitzen. Daher sieht man sehr zeitig am Morgen viele Chinesen, die schon vor der Arbeit ihre täglichen Einkäufe machen.

Ca. 1,3 Milliarden Menschen leben in China (das entspricht 23 % der Weltbevölkerung), aber nur 7 % der Fläche des Landes stehen für den Anbau von Nahrungsmitteln zur

Verfügung. Entsprechend lernten seine Bewohner schon früh, alles Essbare in der Küche zu verwenden; sagt man doch über die Chinesen, dass sie alles essen, was a) vier Beine hat und weder Tisch noch Stuhl ist, was b) fliegt und weder Rakete noch Flugzeug ist und was c) schwimmt, falls es sich weder um ein Schiff noch ein U-Boot handelt.
Doch die chinesische Küche beweist, dass Lebensmittelknappheit nicht zwangsläufig zu schlechter, eintöniger Nahrung führen muss, sondern dass mit Einfallsreichtum aus frischen Zutaten, Aromen und Gewürzen auch einfachste Gerichten zu wahren Gaumenfreuden werden können. Eigentlich kann man überhaupt nicht von der chinesischen Küche sprechen, denn in dem riesigen Land ist eine große Vielfalt unterschiedlicher Essgewohnheiten ganz selbstverständlich.
Im Nordwesten etwa ist das Klima rau, viele Gerichte werden im geschlossenen Tongeschirr gekocht oder gedämpft und sehr scharf mit Chili und Szechuan-Pfeffer gewürzt.
Die gute Küche von Nordchina ist geprägt von den Kochtraditionen der Hauptstadt Beijing (Peking). Anstelle von Reis isst man hier Brot, vor allem aber Nudeln in den unterschiedlichsten Formen. Verschiedene Kohlsorten, Süßkartoffeln, Zwiebeln und Knoblauch prägen hier viele Gerichte, die meist nicht zu stark gewürzt sind.
Im Osten rund um die heimliche Hauptstadt Shanghai, die pulsierende, weltoffene Hafenstadt, haben sich stets die verschiedensten Einflüsse vermischt. Man kocht hier sehr aromatisch und liebt vor allem Gemüse, Schweinefleisch und dunkle Saucen.
Die Küche des im Süden gelegenen Guanzhou (Kanton) ist zweifellos die raffinierteste und feinste des Landes. Nicht nur die Zuwanderer aus aller Herren Länder haben dazu beigetragen, sondern auch das reichhaltige Angebot an frischen Nahrungsmitteln.
Das subtropische Klima, reichlich Regen und Wärme ermöglichen bis zu vier Ernten pro Jahr. Reis und Fisch stehen hier ganz oben auf dem Speiseplan. Klare, sparsam gewürzte Saucen lassen die einzelnen Zutaten besonders gut zur Geltung kommen.

Fingerfood in Japan, Thailand und Vietnam

China ist zwar das Mutterland des asiatischen Fingerfoods und war deshalb der Schwerpunkt meiner bisherigen Asienreisen, doch auch die umliegenden Länder haben alte Häppchen-Traditionen. Zwar vielschichtig durch den mächtigen Nachbarn beeinflusst, können sie dennoch auf die Entwicklung eigenständiger Esskulturen zurückschauen.
Allen voran Japan mit seiner auf Natürlichkeit und ästhetische Perfektion gründenden Küche. Kaum jemand weiß, dass Sushi, das schrillste und in allen großen Städten Europas angesagteste Fingerfood, eigentlich als Zufallsprodukt entstanden ist, bevor es

den Siegeszug in alle Welt antrat. Die Japaner machten schon vor Jahrtausenden Fisch aus Gebirgsflüssen haltbar, indem sie ihn salzten, in Reis einlegten und luftdicht abgeschlossen mit Steinen beschwerten. Durch einen Milchsäure-Gärungsprozess wurde der Fisch für mehrere Jahre konserviert. In Zeiten schlechter Ernten war Reis besonders kostbar. Die Menschen probierten also auch diesen leicht säuerlich-salzigen Einlegereis und stellten fest, dass er recht gut schmeckte und zum Wegwerfen viel zu schade war. Nun war der Sprung zum Reisröllchen mit etwas Reisessig und rohem (nun eben nicht gesalzenem, sondern mit Meerrettichpaste versehenem) Fisch nicht mehr weit. Und so schlug Ende des 18. Jahrhunderts die Geburtsstunde der Sushi, denen japanische Köche noch ästhetischere Formen und Zusammensetzungen gaben.
Auch die Küche Vietnams ist durch eine tausend Jahre währende Kolonialgeschichte von den Kochtraditionen Chinas beeinflusst (die Besetzung durch die Franzosen war zwar erheblich kürzer, aber auch sehr prägend). Sie gilt allerdings als noch feiner, leichter und frischer als die chinesische, sind ihre Hauptbestandteile doch neben der allgegenwärtigen Nuoc mam, einer Sauce aus fermentiertem Fisch, nur kurz gegartes Gemüse und Salat. Ein gutes Beispiel: die vietnamesischen Frühlingsrollen. Sie werden nicht aus den für chinesische Frühlingsrollen typischen Teigblättern, sondern aus hauchdünnen, transparenten Reisblättern gemacht, die Glasnudeln, gehackten Fisch und/oder Fleisch und Gemüse umhüllen.
Auch in Thailand waren und sind die Bedingungen für eine Fingerfood-Kultur geradezu ideal. Man sagt scherzhaft, die Hälfte aller Thais koche jeweils und die andere esse. Feste Essenszeiten gibt es nicht. Gegessen wird immer und überall, auch Kleinigkeiten zwischendurch: Saté-Spieße, in Teig ausgebackene Garnelen, in Salat gewickelte Häppchen – von der Hand in den Mund eben.
Japan, Vietnam und Thailand mögen hier als weitere Beispiele für die vielen Länder Asiens mit vielfältigen, sich gegenseitig befruchtenden Fingerfood-Traditionen genügen, denn von dort stammen zahlreiche Rezepte dieses Buchs. Und Hongkong, Singapur, Korea, und wie sie alle heißen, kommen dann bei meinen nächsten Reisen an die Reihe.

Die Rezepte in diesem Buch

Von der Vielzahl an Dim Sums, Häppchen und Spießchen, die ich auf meinen Asienreisen kennen und schätzen gelernt habe, sind in diesem Buch die leckersten zusammengestellt. Ich habe die Rezepte so aufbereitet, dass sie möglichst authentisch sind, aber auch mit Gelinggarantie beim Endverbraucher anlangen. Die Köche Asiens werden nicht müde, sich immer neue Fingerfood-Rezepte auszudenken. Ich habe mich von ihnen inspirieren lassen und die traditionellen Gerichte um eigene euro-asiatische Kreationen ergänzt. Jede Menge Spaß beim Nachkochen, viel Glück und ein langes Leben!

Utensilien und Garmethoden

Es bedarf nicht allzu vieler Utensilien und Grundzutaten, wenn Sie asiatisches Fingerfood selbst machen und sich die Welt der asiatischen Gaumenfreuden erschließen wollen. Alle wichtigen werden im Folgenden vorgestellt.

Wok und Zubehör

Das wichtigste Kochgerät für fernöstliches Fingerfood, für asiatisches Kochen überhaupt, ist der Wok. Er wurde in China erfunden, hat sich aber längst in vielen Ländern Asiens etabliert. Ursprünglich wurde er auf einen Ring in die offene Feuerstelle gesetzt und hatte deshalb einen runden Boden. Besitzen Sie einen leistungsstarken Gasherd, können Sie sich ein solches traditionelles Modell zusammen mit einem speziellen Ständer anschaffen. Kochen Sie dagegen auf einem Elektroherd, ist nur eine europäische Variante mit einem geraden Boden geeignet.
Bei uns werden Woks aus Eisenblech, Gusseisen oder Edelstahl – beschichtet und unbeschichtet – in verschiedenen Größen und Preislagen angeboten. Meist sind gleich ein Deckel und ein nützliches Abtropfsieb zum Einhängen am Wokrand mit dabei. Welches Modell das richtige für Sie ist, hängt, wie gesagt, vom Herd ab, auf dem Sie kochen, aber selbstverständlich auch von Ihrem Geldbeutel. Sollten Sie vorhaben, ihn häufiger zu benutzen – nicht nur für Fingerfood –, sollten Sie einen hochwertigen Wok kaufen. Am besten lassen Sie sich in einem Fachgeschäft beraten. Wichtig ist, dass er möglichst gute wärmeleitende Eigenschaften hat, damit man die Vorteile seiner speziellen Form optimal nutzen kann.
In Asien wird der Wok für verschiedene Garmethoden verwendet: zum Frittieren, Dämpfen, Räuchern, vor allem aber für das typische „Pfannenrühren", denn in dieser Disziplin ist der Wok einfach unschlagbar. Dazu wird das Gargut, egal, ob Gemüse, Fisch oder Fleisch, gleichmäßig in feine Stücke geschnitten und in wenig sehr stark erhitztem Fett unter ständigem Rühren in kürzester Zeit bissfest gegart. Erfunden wurde diese Technik, um möglichst wenig Brennholz für die Zubereitung einer Mahlzeit zu verbrauchen, denn Holz war jahrhundertelang äußerst knapp in China. Doch das Pfannenrühren hat neben den ökologischen auch andere Vorteile: Während der kurzen Garzeit bleiben Saftigkeit und Nährstoffe der Zutaten weitestgehend erhalten. Kocht man für viele Leute, werden die Zutaten portionsweise gegart und an den Rand geschoben oder auf das Abtropfsieb gelegt. Vor dem Servieren wird dann alles noch einmal kurz erhitzt.

Traditionell gehören zum Wok eine Schöpfkelle aus Metall mit einem Bambusstiel und eine spezielle Schaufel aus Metall. Letztere ist aber durch jedes Pfannenmesser zu ersetzen. Und die von asiatischen Köchen verwendeten großen Kochstäbchen sind wohl auch eher etwas für Fortgeschrittene.

Messer oder Beil

Wie erwähnt werden vor allem für das traditionelle Pfannenrühren die Zutaten gleichmäßig fein geschnitten, damit innerhalb weniger Minuten alles gleichzeitig gar ist. Dazu bedarf es unbedingt eines guten Werkzeugs: eines möglichst scharfen Messers oder Beils. Egal, ob in Asien oder Europa hergestellt, scharf muss es sein, sonst vergeht einem der Spaß am Pfannenrühren sehr schnell. Darum sollte man bei der Anschaffung des Schneidewerkzeugs möglichst nicht sparen und auch gleich einen Wetzstahl o.Ä. zum Schleifen kaufen.

Dampfkorb

Auch für das Dämpfen – eine für Struktur, Farbe und Nährstoffe der Zutaten äußerst schonende Garmethode – verwenden die meisten asiatischen Köche den Wok. Dabei liegt das Gargut meist in einem Dampfkorb aus Bambus – auch eine chinesische Erfindung –, der in den zu 1/3 mit Wasser gefüllten Wok gesetzt und erhitzt wird.
Bei uns bieten Asienläden, Haushaltsgeschäfte etc. preiswerte Dampfkörbe in verschiedenen Größen und mit einem oder mehreren Einsätzen für wenig Geld an. Aber auch in einem herkömmlichen Topf mit Dampfeinsatz kommt man zu denselben Ergebnissen.

Sushi-Matte

Bisher war vornehmlich von Küchenutensilien die Rede, die aus China stammen. Doch unter den köstlichen Snacks aus Asien sind Sushi in ganz Europa besonders beliebt. Und für die Zubereitung einiger wichtiger Varianten der berühmten Häppchen benötigt man eine spezielle Sushi-Matte aus Bambus. Auch sie ist in Asienläden erhältlich.

Mit diesen wenigen Utensilien und einigen anderen, die sich wohl in den meisten Haushalten finden und hier deshalb nicht extra erwähnt werden, kann man alle Rezepte in diesem Buch ausprobieren.

Zutaten

Mit den hier aufgelisteten speziell asiatischen Zutaten können Sie alle zu Beginn der einzelnen Kapitel beschriebenen Basic-Rezepte zubereiten. Sie sind in Asienläden, teilweise sogar in Supermärkten und Kaufhäusern erhältlich und meist sehr preiswert.

Gemüse

Wasserkastanien
Bambussprossen

Kräuter und Blätter

Koriandergrün
Thai-Minze
Nori-Blätter
Zitronengras

Wurzeln und Gewürze

Ingwerwurzel
Galgantwurzel
Entengewürz
Red pork marinade
Fünf-Gewürze-Pulver

Öl, Essig und Reiswein

Erdnussöl
Sesamöl
Sushi-Essig
Reiswein
Mirin

Saucen und Pasten (Fertigprodukte)

Austernsauce
Helle und süße Sojasauce
Hoisin-Sauce
Fischsauce
Sweet chilli sauce
Rote Currypaste
Wasabi-Paste

Pilze

Mu-Err-Pilze
Shiitake-Pilze

Teigplatten und Reis

Frühlingsrollen-Teigblätter
Won-tan-Teigblätter
Klebreis
Sushi-Reis

Sonstiges

Tempuramehl
Tofu
Kokosmilch

Ganz schön eingewickelt

In diesem Kapitel werden neben in Bananenblättern, Pergamentpapier und Einmachzellophan gegartem Fingerfood vor allem verschiedene Frühlingsrollen vorgestellt, die man im Wok frittiert.

In der Regel muss dazu das Öl auf ca. 180 °C erhitzt werden. Eine Möglichkeit festzustellen, ob diese Temperatur erreicht ist, besteht darin, einen Kochlöffel oder ein Holzstäbchen in das erhitzte Öl zu halten. Bilden sich am Stiel kleine Bläschen, ist das Öl heiß genug. Eine andere Methode ist der Brotwürfeltest: Wenn ein Brotwürfel innerhalb von 15 Sekunden goldbraun wird, hat das Öl die richtige Temperatur.

Wichtig: Das Gargut nie in das Fett legen, bevor es heiß genug ist. Und nie zu viel auf einmal hineingeben, weil das Öl sonst zu stark abkühlt. Dann dringt nämlich das Fett in das Gargut ein, es wird zwangsläufig fettig und schmeckt auch so. Bei 180 °C dagegen schließen sich die Poren rasch und lassen das Fett nicht eindringen. Die Füllung wird schonend gegart und die Hülle schön knusprig. Wenn die Röllchen oder Täschchen langsam an die Oberfläche kommen, ist das ein Zeichen dafür, dass sie gar sind und raus möchten.

Frühlingsrollen mit Gemüse und Tofu

肉絲春捲

4 Mu-Err-Pilze
40 g frische Shiitake-Pilze
2 Knoblauchzehen
2–3 cm Galgantwurzel
5 Frühlingszwiebeln
200 g Chinakohl
2 Möhren
5 Wasserkastanien
200 g Tofu
1–2 EL Erdnussöl
1 EL Sesamöl
Salz
frisch gemahlener weißer Pfeffer
1 EL Sojasauce
1 EL Austernsauce
3 EL Speisestärke
kleine Frühlingsrollen-Teigblätter
2 Eiweiß
Öl zum Frittieren

Die Mu-Err-Pilze mit kochendem Wasser übergießen und 30 Minuten einweichen. Gründlich waschen, trockentupfen, wenn nötig von harten Stielen befreien und fein hacken. Von den Shiitake-Pilzen ebenfalls die harten Stiele entfernen und die Hüte fein hacken.
Den Knoblauch schälen und fein hacken. Galgantwurzel schälen, Frühlingszwiebeln putzen und beides fein hacken. Chinakohl putzen und ebenfalls fein hacken. Möhren putzen und fein raspeln. Die Wasserkastanien grob, den Tofu noch etwas gröber würfeln.
Das Erdnussöl im Wok erhitzen, Knoblauch, Galgant und Frühlingszwiebeln darin pfannenrühren. Pilze, Chinakohl, Möhren, Wasserkastanien sowie Tofu zufügen und kurz mitgaren. Mit Sesamöl, Salz, Pfeffer und Saucen würzen.
Die Speisestärke mit 1 Esslöffel Wasser glatt rühren, mit den übrigen Zutaten mischen, kurz aufkochen lassen und den Wok vom Herd nehmen. Den Inhalt in eine Schüssel umfüllen und abkühlen lassen.
Frühlingsrollen-Teigblätter für einige Minuten mit einem feuchten Geschirrtuch bedecken. Eiweiße verquirlen und die Ränder jedes Teigblattes damit einpinseln. Jeweils 1–2 Esslöffel der Füllung in die Mitte setzen. Von der Spitze her diagonal aufrollen, die beiden seitlichen Spitzen jeweils nach innen klappen und gut andrücken. Bis zur oberen Spitze weiterrollen und die Enden fest andrücken. Öl im Wok erhitzen und die Frühlingsrollen knusprig darin frittieren.

Ausgebackene Fisch- und Fleischtaschen

炸魚肉餃

In Deutschland haben die China-Restaurants leider mehr oder weniger Einheitsspeisekarten, die keineswegs die Vielfalt der asiatischen Experimentierküche widerspiegeln. Fisch und Schwein, kann das sein? Und dann noch Staudensellerie dazu? In den Restaurants in und um Shanghai konnte ich mich davon überzeugen, dass dies eine tolle Kombination ist. Von dort habe ich das folgende Rezept mitgebracht, das ebenso einfach wie lecker ist.

eckige Won-tan-Blätter
1 kleine Stange Staudensellerie
2–3 Frühlingszwiebeln
150 g Bio-Schweinefilet
150 g Fischfilet
Salz
frisch gemahlener Pfeffer
1 EL Sojasauce
1 TL Austernsauce
1 Ei
Öl zum Frittieren

Die Won-tan-Blätter zwischen feuchten Geschirrtüchern geschmeidig werden lassen. Den Sellerie sowie die Frühlingszwiebeln putzen und fein hacken. Fleisch und Fisch ebenfalls fein hacken. In einer Schüssel mit Salz, Pfeffer und den Saucen vermischen.
Das Ei mit einer Gabel leicht verschlagen und die Ränder jedes Won-tan-Blattes damit einpinseln. In die Mitte je 1–2 Teelöffel der Mischung setzen.
Jeweils eine Teigspitze auf die gegenüberliegende legen, d.h., das Teigblatt zu einem Dreieck zusammenklappen und die Ränder gut andrücken. Die untere Kante des Dreiecks mit Ei bepinseln. Die linke und rechte Spitze so einklappen, dass sie sich in der Mitte der Unterkante treffen und die Teigtasche die Form eines geöffneten Briefumschlags erhält. Die Ränder gut andrücken. Das Frittieröl im Wok erhitzen und die Teigtaschen darin goldbraun frittieren.

Heißer Reis in Eisbergsalat

燴飯沙拉

3–4 Chilischoten
70 g Thailändischer Duftreis
5 Hähnchenbrustfilets
1/2 Bund Minze
1/2 Bund Koriandergrün
6–8 Frühlingszwiebeln
1 Eisbergsalat
3 EL Erdnussöl
200–300 ml Hühnerbrühe
2 EL Fischsauce
2 EL Zitronensaft
1 TL grob zerstoßener schwarzer Pfeffer

Die Chilischoten halbieren und von den Kernen befreien.
In einer Pfanne ohne Zugabe von Fett den Reis 5 Minuten bei mittlerer Hitze rösten. Die Chilischoten zugeben und unter ständigem Rühren 10 Minuten mitrösten, abkühlen lassen. Den Pfanneninhalt im Mixer grob zerkleinern.
Die Hähnchenbrustfilets mit einem großen Messer oder Beil fein hacken. Minze sowie Koriandergrün abbrausen und trockenschleudern. Die Blättchen abzupfen und ebenfalls hacken. Die Frühlingszwiebeln putzen und in feine Ringe schneiden. Den Eisbergsalat waschen, putzen und trockenschleudern.
Das Öl im Wok erhitzen und das Fleisch darin pfannenrühren. Alle übrigen Zutaten mit Ausnahme der Salatblätter untermischen und kurz mitgaren.
Die Salatblätter auf eine Arbeitsplatte legen, jeweils in die Mitte 1 Esslöffel der vorbereiteten Zutaten legen und von der schmalen Seite der Blätter her einrollen.

Frühlingsrollen mit Gemüse und Schweinefleisch

肉絲春捲

10 Mu-Err-Pilze
350 g Bio-Schweinegehacktes
1/2 TL frisch gemahlener weißer Pfeffer
1 TL Salz
1 EL Zucker

Die Mu-Err-Pilze mit kochendem Wasser übergießen und 30 Minuten einweichen. Mehrmals gründlich waschen, trockentupfen, wenn nötig von harten Stielen befreien und in feine Streifen schneiden.
Hackfleisch mit Pfeffer, Salz, Zucker, Sojasauce, Reiswein, Sesamöl sowie in 3 Esslöffeln Wasser aufgelöster Speisestärke mischen, ca. 20 Minuten zugedeckt ziehen lassen.

3 EL süße Sojasauce
3 EL Reiswein
(ersatzweise Sherry)
1 EL Sesamöl
1 EL Speisestärke
3 Eier
400 g Möhren
200 g Glasnudeln
3 Knoblauchzehen
2 cm Ingwerwurzel
8–10 Frühlingszwiebeln
1 Stange Lauch
5 EL Erdnussöl
4–5 EL in Streifen geschnittene Bambussprosse
200 g Sojasprossen
kleine Frühlingsrollen-Teigblätter
Öl zum Frittieren

2 Eier trennen, die Eiweiße beiseite stellen. Das restliche Ei mit den beiden Eigelben vermischen und unter das gewürzte Hackfleisch mischen (dabei mit einer Gabel immer im Uhrzeigersinn rühren).
Möhren putzen und grob in lange Streifen raspeln, mit Salz vermischt entwässern. Nach 10 Minuten ausdrücken und mit Küchenpapier trockentupfen. Die Glasnudeln in heißem Wasser einweichen. Kalt abspülen, gut abtropfen lassen und mit einer Haushaltsschere in kurze Stücke schneiden. Knoblauch sowie Ingwer schälen und sehr fein würfeln. Frühlingszwiebeln putzen und fein hacken. Lauch putzen und in feine Ringe schneiden.
3 Esslöffel Erdnussöl im Wok erhitzen. Knoblauch, Ingwer und Zwiebeln kurz darin pfannenrühren, Fleischmischung dazugeben. Nach 1 Minute Mu-Err-Pilze und Bambusstreifen hinzufügen und 1 weitere Minuten mitgaren. Wokinhalt in eine Schüssel umfüllen und abkühlen lassen.
Das restliche Erdnussöl im Wok erhitzen und Möhren sowie Lauch kurz darin pfannenrühren, Glasnudeln untermischen, mit Salz, Pfeffer, Fleisch und Sojasprossen mischen, ebenfalls abkühlen lassen.
Die Frühlingsrollen-Teigblätter einige Minuten mit einem feuchten Geschirrtuch bedecken. Die Blätter nacheinander so auf eine Arbeitsfläche legen, dass eine Spitze nach vorne zeigt. Die Ränder jeweils mit Eiweiß bestreichen und unterhalb der Mitte jedes Blattes 1–2 Esslöffel Füllung etwas auseinander streichen.
Jedes Blatt zur Hälfte aufrollen und die seitlichen Ecken einklappen. Vollständig aufrollen und die Ränder fest andrücken. Das Frittieröl im Wok erhitzen und die Rollen darin 4–5 Minuten frittieren.

Frühlingsrollen mit Fleisch und Garnelen

虾肉春捲

8–10 Mu-Err-Pilze
200 g Garnelen
1 rote Chilischote
6–8 Frühlingszwiebeln
300 g Weiß- oder Spitzkohlblätter
2 EL Sesamöl
200 g Bio-Schweinemett
1 TL Salz
1 TL frisch gemahlener Pfeffer
4 EL süße Sojasauce
2 EL Reiswein (ersatzweise Sherry)
2 Eiweiß
kleine Frühlingsrollen-Teigblätter
Öl zum Frittieren

Wasser zum Kochen bringen, vom Herd nehmen und die Mu-Err-Pilze darin ca. 30 Minuten einweichen. Gründlich waschen, gut ausdrücken, wenn nötig von festen Stielansätzen befreien und sehr fein hacken.
Die Garnelen schälen, vom Darm befreien und sehr fein hacken. Entkernte Chilischote und geputzte Frühlingszwiebeln ebenfalls sehr fein hacken. Kohlblätter, waschen, putzen und in feine Streifen schneiden.
Sesamöl in einer Pfanne erhitzen und die Garnelen darin anbraten, etwas Wasser angießen. Chilischote, Frühlingszwiebeln sowie Kohlblätter untermischen und mitdünsten, bis die Blätter zusammengefallen sind, abkühlen lassen.
Mett, Mu-Err-Pilze, Salz, Pfeffer, Sojasauce und Reiswein sorgfältig mit dem Pfanneninhalt vermischen.
Frühlingsrollen-Teigblätter einige Minuten mit feuchten Geschirrtüchern bedecken. Inzwischen die Eiweiße verquirlen. Die Teigblätter einzeln so auf eine Arbeitsfläche legen, dass eine Spitze nach vorne zeigt. Etwas unterhalb der Mitte mit 1–2 Esslöffeln Füllung belegen und sie etwas auseinander streichen. Das Blatt jeweils zur Hälfte aufrollen, dabei die seitlichen Ecken einklappen und die Ränder mit Eiweißen bestreichen. Komplett aufrollen und die Ränder festdrücken. Rollen portionsweise 4–5 Minuten in heißem Öl frittieren.

Tipp: Erhitzt man die Mu-Err-Pilze in einer Schüssel mit Wasser für 2 Minuten in der Mikrowelle, sind sie sofort einsatzbereit.

Frühlingsrollen mit Garnelen

虾仁春捲

- 30 g Glasnudeln
- 300 g Garnelen
- 2 Knoblauchzehen
- 3 cm Galgantwurzel
- 60 g Salatgurke
- 2 Blätter Chinakohl
- 3 Frühlingszwiebeln
- 1 Möhre
- 3 EL Speisestärke
- 2 EL Erdnussöl
- Salz
- frisch gemahlener weißer Pfeffer
- 2 EL süße Sojasauce
- 1 TL Hoisin-Sauce
- 1 EL Reiswein (ersatzweise Sherry)
- 150 g Sojasprossen
- 1 TL Sesamöl
- 2 Eiweiß
- kleine Frühlingsrollen-Teigblätter
- Öl zum Frittieren

Die Glasnudeln einweichen, trockentupfen und auf eine Länge von 5 Zentimetern schneiden. Garnelen von Schale und Darm befreien und in Scheiben schneiden. Knoblauch sowie Galgant schälen und fein hacken. Gurke schälen, entkernen und fein würfeln. Chinakohl sowie Frühlingszwiebeln putzen und fein hacken. Die Möhre schälen und fein reiben.

3 Esslöffel Speisestärke in 1 Esslöffel Wasser glatt rühren. Das Erdnussöl im Wok erhitzen, die Garnelen kurz darin pfannenrühren und mit einer Schaumkelle herausheben. In dem verbliebenen Öl Knoblauch und Galgant pfannenrühren. Gurke, Chinakohl, Frühlingszwiebeln und Möhre zugeben und ca. 1/2 Minute mitgaren. Dann Glasnudeln, Salz, Pfeffer, Saucen und Reiswein untermischen. Nach einer weiteren 1/2 Minute Sojasprossen, Sesamöl und angerührte Speisestärke unterrühren. Kurz aufkochen lassen, die Garnelen untermischen. Wokinhalt sofort in einer großen Schale oder auf einem Blech abkühlen lassen.

Die Eiweiße verquirlen. Die Frühlingsrollen-Teigblätter einige Minuten mit feuchten Geschirrtüchern bedecken. Jeweils ca. 1–2 Esslöffel Füllung in die Mitte des Frühlingsrollen-Teigblattes geben und die Ränder mit den Eiweißen bepinseln. Fest aufrollen, währenddessen die seitlichen Kanten einklappen. Die Ränder gut andrücken. Öl im Wok erhitzen und die Frühlingsrollen knusprig frittieren.

Frühlingsrollen mit Früchten

果香春捲

kleine Frühlingsrollen-Teigblätter
1 Banane
3 Feigen
1 Mango
1 Papaya
6 Stängel Thai-Minze
4 cl Cointreau oder Weinbrand
1 EL Speisestärke
100 ml Apfelsaft
1 EL Honig
2 Eiweiß

Die Banane sowie die Feigen schälen und in feine Streifen schneiden. Mango schälen und das Fruchtfleisch vom Kern lösen. Papaya halbieren, von den Kernen befreien und schälen. Mango- und Papayafruchtfleisch ebenfalls in Streifen schneiden. Die Minze abbrausen, trockenschleudern und die Blättchen abzupfen.
Die Früchte mit der Minze in eine Schüssel füllen und mit dem Cointreau bzw. dem Weinbrand übergießen. Zugedeckt 30 Minuten marinieren. Die Früchte herausheben und gut abtropfen lassen. Die Marinade in einen Topf füllen.
Die Speisestärke mit 1 Teelöffel Wasser anrühren und mit dem Apfelsaft zugeben. Aufkochen lassen und dann den Honig einrühren. Abkühlen lassen und gut mit den Früchten vermischen.
Die Frühlingsrollen-Teigblätter einige Minuten mit feuchten Geschirrtüchern bedecken. Die Eiweiße verquirlen und die Ränder der Teigblätter damit bestreichen. Jeweils 1–2 Esslöffel Füllung in die Mitte geben und die Teigblätter fest aufrollen, währenddessen die seitlichen Kanten einklappen. Die Ränder gut andrücken. Öl im Wok erhitzen und die Frühlingsrollen darin knusprig frittieren.

Gemüserollen im Reispapiermantel

威化春捲

1 Knoblauchzehe
1 Bambussprosse
1 kleine Möhre
1/4 Salatgurke
1/4 Rettich
1 Stange Staudensellerie
1 kleine Stange Lauch
100 g frischer Blattspinat
50 g Sojasprossen
2 Stängel Minze
1–2 EL Erdnussöl
1 TL Sesamöl
Salz
frisch gemahlener
weißer Pfeffer
Fünf-Gewürze-Pulver
1 EL Austernsauce
2 EL Sojasauce
1 TL Black bean sauce
8 Reispapierblätter
2 Eigelb
Öl zum Frittieren

Den Knoblauch schälen und fein hacken. Den Bambus sowie die Möhre putzen und in feine Streifen schneiden. Gurke und Rettich putzen, in etwas dickere Stifte schneiden. Sellerie putzen und in feine Scheiben schneiden. Lauch putzen, in 4 Zentimeter lange Stücke und dann in feine Längsstreifen schneiden. Blattspinat gründlich waschen, putzen und fein hacken. Sojasprossen waschen und gut abtropfen lassen. Minze waschen, trockenschleudern und die Blättchen abzupfen.

Das Erdnussöl im Wok erhitzen und den Knoblauch darin anbraten. Nach 15 Sekunden Bambus, Möhre, Gurke, Rettich, Sellerie sowie Lauch dazugeben und pfannenrühren, dann Spinat und Sojasprossen unterheben. Mit Sesamöl, Gewürzen, Minze und Saucen vermischen. Das Gemüse sofort mit einer Schöpfkelle herausheben, in einem Sieb abtropfen lassen.

Den verbliebenen Sud im Wok sämig einkochen. In einer Schüssel mit dem Gemüse vermischen und abkühlen lassen. Die Reispapierblätter in lauwarmem Wasser einweichen und vorsichtig herausnehmen. Mit Küchenpapier trockentupfen. Die Eigelbe verquirlen und die Ränder jedes Reisblatts damit bestreichen. Jeweils 1/8 der Füllung auf dem unteren Viertel eines Blattes verteilen. Den unteren Rand über die Füllung klappen, die rechte und linke Kante einschlagen und langsam fest zusammenrollen. Den Rand gut andrücken. Die Rollen mit der Naht nach unten einige Minuten ruhen lassen. Öl im Wok erhitzen und die Gemüserollen darin knusprig frittieren.

Vietnamesische Frühlingsrollen I

越式春捲

Im Unterschied zu chinesischen Frühlingsrollen werden vietnamesische nicht mit Frühlingsrollen-Teigblättern, sondern mit transparentem Reispapier zubereitet. Sie enthalten neben zerkleinertem Gemüse fast immer Glasnudeln. Damit die Füllung während des Garprozesses nicht zusammenschrumpft, werden die vietnamesischen Frühlingsrollen bei höheren Temperaturen gegart als ihre chinesischen Verwandten: Bei 190 °C blähen sich die Glasnudeln sofort auf und sorgen für gute Haltungsnoten.

6–7 Mu-Err-Pilze
40 g Glasnudeln
2 Knoblauchzehen
5 Frühlingszwiebeln
150 g Garnelen
150 g Hähnchenbrustfilet
150 g Bio-Schweinemett
Salz
frisch gemahlener schwarzer Pfeffer
große runde Reisblätter
2 EL Speisestärke
Erdnussöl zum Frittieren

Die Mu-Err-Pilze mit kochendem Wasser übergießen und ca. 30 Minuten einweichen. Gründlich waschen, wenn nötig von festen Stielansätzen befreien und grob hacken. Die Glasnudeln mit heißem Wasser übergießen und 15 Minuten ziehen lassen. Herausnehmen, abtropfen lassen, ausdrücken und mit der Küchenschere in kurze Stücke schneiden. Knoblauch schälen, Frühlingszwiebeln putzen und beides in Würfel schneiden. Garnelen schälen, vom Darm befreien und grob hacken. Hähnchenfleisch würfeln. Alle vorbereiteten Zutaten mit dem Mett, Salz und Pfeffer grob im Mixer zerkleinern.

Lauwarmes Wasser in eine große Schüssel füllen und die Reisblätter nacheinander kurz darin geschmeidig werden lassen. Herausnehmen, abtropfen lassen und trockentupfen. Mit einem scharfen Messer in 4 Teile schneiden. Jeweils 1 Viertel mit der Rundung nach vorne auf die Arbeitsplatte legen und je 1 knappen Teelöffel Füllung, zu einem Würstchen geformt, mit 1 Zentimeter Abstand an die Reispapier-Rundung legen. Stärke mit 1 Esslöffel Wasser anrühren und die Teigränder damit einpinseln. Den vorderen Teigrand über die Füllung klappen, rechte und linke Kanten einschlagen, den Teig zur Spitze hin einrollen.

Die Ränder gut andrücken und die Rollen auf der Spitze liegend kurz ruhen lassen. Erdnussöl im Wok auf 190 °C erhitzen und die Frühlingsrollen knusprig darin frittieren.

Tipp: In Vietnam serviert man die Frühlingsrollen zusammen mit Minzeblättchen, Sojasprossen und geraspelten Möhrenstreifen in ein Salatblatt eingewickelt. Dazu reicht man einen Dip nach Wahl.

Vietnamesische Frühlingsrollen II

越式春捲

6–8 Mu-Err-Pilze
25–30 g Glasnudeln
200 g Putenschnitzel
2 Knoblauchzehen
1 kleine Zwiebel
4–5 Frühlingszwiebeln
200 g Garnelen
Salz
frisch gemahlener weißer Pfeffer
große runde Reisblätter
2 EL Speisestärke
Erdnussöl zum Frittieren

Die Mu-Err-Pilze mit kochendem Wasser übergießen und 30 Minuten einweichen. Sorgfältig waschen, trockentupfen, wenn nötig von harten Stielen befreien und klein schneiden. Glasnudeln mit heißem Wasser übergießen und 15 Minuten ziehen lassen. Herausnehmen, gut abtropfen lassen, ausdrücken und mit der Küchenschere in kurze Stücke schneiden.
Putenfleisch fein würfeln und 15 Minuten im Gefrierfach anfrieren lassen. Knoblauch, Zwiebel und Frühlingszwiebeln putzen, klein schneiden. Alle vorbereiteten Zutaten mit Garnelen, Salz und Pfeffer im Mixer grob zerkleinern. Die Reisblätter nacheinander kurz in einer Schüssel mit lauwarmem Wasser geschmeidig werden lassen. Herausnehmen, abtropfen lassen, trockentupfen und mit einem scharfen Messer wie Tortenstücke dritteln. Jeweils 1 1/2 Teelöffel der Füllung zu einer Wurst formen und mit 1 Zentimeter Abstand an die Reispapier-Rundung legen. Die Stärke mit 1 Esslöffel Wasser anrühren und die Teigränder damit einpinseln. Jede Platte zur Spitze hin einrollen, dabei die seitlichen Ränder einklappen und gut andrücken. Auf der Spitze liegend kurz ruhen lassen. Öl im Wok auf 190 °C erhitzen und die Frühlingsrollen knusprig darin frittieren.

Gefüllte Knuspersäckchen

炸小包裹

1 Möhre
3 Frühlingszwiebeln
1 kleine Stange Lauch
2 Wasserkastanien
2 Bambussprossen
1 Knoblauchzehe
1 rote Chilischote
175 g Bio-Schweinemett
2 Eier
Salz
frisch gemahlener Pfeffer
Fünf-Gewürze-Pulver
1 EL Austernsauce
1 EL Sojasauce
eckige Won-tan-Blätter
Öl zum Frittieren
Schnittlauchhalme

Möhre, Frühlingszwiebeln sowie Lauch putzen und sehr fein hacken. Wasserkastanien und Bambussprossen ebenfalls fein hacken. Den Knoblauch schälen, die Chilischote halbieren und von den Kernen befreien. Beides mit den klein geschnittenen Zutaten, Schweinemett, 1 Ei, 1 Eigelb (das Eiweiß beiseite stellen), Gewürzen und Saucen gut vermischen.
Die Won-tan-Blätter zwischen feuchten Geschirrtüchern geschmeidig werden lassen. Das Eiweiß verquirlen und die Ränder jedes Teigblattes breit damit einpinseln.
In die Mitte jeweils 1 Teelöffel Füllung geben. Die Ränder möglichst eng und kugelförmig darum herum zusammendrücken. Die äußersten Teigspitzen auseinander ziehen. Vorsicht: Es darf dabei kein Luftloch entstehen.
Das Öl im Wok erhitzen und die Säckchen portionsweise in 4–5 Minuten knusprig darin frittieren. Die Schnittlauchhalme in lauwarmes Wasser tauchen und die Säckchen damit „zubinden".

Tipp: Das Öl muss so heiß sein, dass sich der Teig leicht aufbläht und sich seine Poren rasch schützend schließen. Es darf aber nicht zu hoch erhitzt werden, damit die Füllung gar werden kann, bevor sich die Teighüllen zu dunkel färben. Am besten frittiert man 1–2 Probesäcken.

Pilze im Pfannkuchenteig

香菇餅

170 g Mehl
5 Eier
Erdnussöl
2 Knoblauchzehen
1/2 rote Chilischote
5–6 Frühlingszwiebeln
50 g Austernpilze
50 g Champignons
50 g Shiitake-Pilze
4–5 Blatt Chinakohl
Salz
frisch gemahlener weißer Pfeffer
1/2 TL Fünf-Gewürze-Pulver
2 EL süße Sojasauce
1 EL Hoisin-Sauce
1 EL Reiswein (ersatzweise Sherry)
1 EL Sesamöl
100 g Sojasprossen
3 EL Speisestärke
Öl zum Frittieren

Das Mehl in eine Schüssel füllen. 2 Eier mit 600 Millilitern Wasser verquirlen und langsam in das Mehl einrühren. Erdnussöl in einer beschichteten Pfanne erhitzen. Jeweils 2 Esslöffel des Teigs in das Öl geben und 1 Minute braten, wenden und von der anderen Seite eine 1/2 Minute garen, herausnehmen. So weiterverfahren, bis der gesamte Teig aufgebraucht ist. Die Pfannküchlein abkühlen lassen.

Den Knoblauch schälen, die Chilischote halbieren und entkernen, die Frühlingszwiebeln putzen. Alles fein hacken. Austernpilze putzen und von den festen Stielen befreien. Champignons und die Shiitake-Pilze putzen und mit den Hüten der Austernpilze klein würfeln. Den Chinakohl putzen und fein hacken.

2 Esslöffel Erdnussöl im Wok erhitzen, Knoblauch, Chilischote und Frühlingszwiebeln darin pfannenrühren, die Pilze zugeben. Nach 2 Minuten den Chinakohl untermischen und mitgaren, bis er zusammengefallen ist. Gewürze, Saucen, Reiswein, Sesamöl und Sojasprossen untermischen. 3 Teelöffel Speisestärke mit 3 Teelöffeln Wasser glatt rühren, unter den Wokinhalt mischen und kurz aufkochen lassen. Alles zum Abkühlen in eine Schüssel umfüllen.

Jeden Pfannkuchen mit ca. 1 Esslöffel der Füllung belegen und aufrollen. In einem tiefen Teller die restlichen Eier mit 3 Teelöffeln Speisestärke und 4 Esslöffeln Wasser verquirlen. Die gefüllten Pfannkuchen nacheinander darin wälzen und etwas abtropfen lassen. Das Öl im Wok erhitzen und die Röllchen darin goldgelb frittieren.

Thailändische Hähnchenbrust mit Rohkostsalat

酥炸雞片沙拉

Für die Hähnchenbrustfilets:
2 Knoblauchzehen
1/2 Tüte Red pork marinade
1/2 TL grob gemahlener schwarzer Pfeffer
1 EL süße Sojasauce
2 EL Pflanzenöl
4 Hähnchenbrustfilets

Für den Salat:
1 rote Chilischote
1/2 Stange Lauch
1/2 Weißkohl
1/2 Eisbergsalat
1 rote Paprikaschote
1 gelbe Paprikaschote
1/2 Bund glatte Petersilie
1/2 Bund Koriandergrün
2 EL Sherry-Essig
3 EL Pflanzenöl
1 EL Zitronensaft
1 EL Zucker
1 TL Salz
frisch gemahlener weißer Pfeffer
1/2 TL roter Chilipfeffer
4 EL Sweet chilli sauce (fertig oder Rezept S. 112)

Außerdem:
8 Empanadas
Öl zum Braten

Für die Hähnchenbrustfilets die Knoblauchzehen schälen und fein hacken. Mit Red pork marinade, Pfeffer, Sojasauce und 2 Esslöffeln Öl vermischen. Das Fleisch darin mindestens 2 Stunden, am besten aber über Nacht marinieren. Hähnchenbrüste in einen Dampfkorb legen und ihn mit dem Deckel verschließen. Den Wok zu 1/3 mit Wasser füllen, den Dampfkorb hineinsetzen und die Filets 15 Minuten dämpfen. Anschließend in je 4 Streifen schneiden.

Für den Salat entkernte Chilischote, Lauch, Weißkohl und Eisbergsalat in sehr feine Streifen schneiden. Die Paprikaschoten von Stielansatz, Samen sowie Scheidewänden befreien und ebenfalls in feine Streifen schneiden. Petersilie sowie Koriander waschen und trockenschleudern. Die Blättchen abzupfen und grob hacken.

Aus Essig, Pflanzenöl, Zitronensaft, Zucker, Salz, weißem Pfeffer, Chilipfeffer, Chilischote und Sweet chilli sauce ein Dressing rühren.

Den Boden einer flachen Form (Auflaufform o.Ä.) zunächst mit dem Lauch auslegen, darauf schichtweise Weißkohl, Eisbergsalat, Paprika, Petersilie sowie Koriander verteilen und mit dem Dressing beträufeln. Alles mit Klarsichtfolie abdecken und 30 Minuten ziehen lassen.

Das Bratöl in einer Pfanne erhitzen und die Empanadas darin nacheinander von beiden Seiten leicht bräunen.

Jede Empanada zu je 2/3 mit etwa 3 Esslöffeln Rohkostsalat bedecken, darauf nebeneinander Hähnchenbruststreifen legen und alles fest aufrollen.

Gebackene Entenbrust mit rohem Gemüse

炸鴨片菜餅

3 EL Malzbier
1 EL süße Sojasauce
3 EL Honig
2 Barbarie-Entenbrüste
frisch gemahlener
weißer Pfeffer
Salz
1 EL Erdnussöl
1/2 Rettich
1 Stange Lauch
1 Bund Frühlingszwiebeln
2 EL Sesam
8 Empanadas
2 EL Pflanzenöl
Plum sauce und/oder
Sweet chilli sauce
(fertig oder Rezept S. 112)

In einem Stieltopf das Malzbier mit Sojasauce und Honig bei geringer Temperatur unter ständigem Rühren sämig einkochen lassen, warm halten.

Die Entenbrüste auf der Hautseite mit einem sehr scharfen Messer längs 7-mal einritzen (damit sie sich nach dem Braten leichter in Streifen schneiden lassen), mit Pfeffer und Salz einreiben.

Das Erdnussöl in einer ofenfesten Pfanne erhitzen und die Entenbrüste auf der Hautseite hellbraun anbraten, wenden, kurz auf der Fleischseite braten und erneut wenden. Die Pfanne in den auf 180 °C vorgeheizten Backofen stellen und die Brüste weitere 10 Minuten braten. Temperatur auf 100 °C herunterschalten. Die Hautseite der Entenbüste dick mit der Honigmischung einpinseln, weitere 2 Minuten im Ofen braten. Herausnehmen und in 8 Streifen schneiden.

Rettich in Streifen raspeln, mit etwas Salz vermischt ziehen lassen und gut ausdrücken. Geputzten Lauch in ca. 5 Zentimeter lange Stücke, dann längs in feine Streifen schneiden. Geputzte Frühlingszwiebeln in ca. 5 Zentimeter lange Stücke schneiden, den weißen Teil in feine Längsstreifen schneiden. Sesam leicht in einer fettfreien Pfanne anrösten. Sofort umfüllen, damit er nicht verbrennt.

Die Empanadas kurz in dem Öl von beiden Seiten anbraten. Jeweils zu 2/3 mit Plum sauce und/oder Sweet chilli sauce bestreichen, darauf parallel Lauch-, Frühlingszwiebel- und Rettichstreifen verteilen, mit je 2 Streifen Entenbrust belegen und mit je 1/8 des Sesams bestreuen. Empanadas fest aufrollen und – Ente gut, alles gut – von der Hand in den Mund genießen.

Seafood-Küchlein aus Thailand

泰式魚丸

2–3 Knoblauchzehen
2 cm Galgantwurzel
2 Stängel Zitronengras
1 rote Chilischote
1 grüne Chilischote
5 Stängel Minze
4 Frühlingszwiebeln
1 Eisbergsalat
200 g Kabeljau
200 g Garnelen
20 g Glasnudeln
1 EL helle Sojasauce
1 EL Fischsauce
1 Ei
2–3 EL Erdnussöl

Den Knoblauch sowie die Galgantwurzel schälen und grob klein schneiden. Zitronengras von den äußeren harten Blättern sowie vom Wurzelansatz befreien und ebenfalls grob zerkleinern. Die Chilischoten halbieren, entkernen und klein schneiden. Minze waschen und trockenschleudern, die Blätter abzupfen. Frühlingszwiebeln putzen und in Ringe schneiden. Salat putzen, waschen und trockenschleudern.

Den Kabeljau entgräten und in grobe Stücke schneiden. Die Garnelen schälen, vom Darm befreien und hacken. Glasnudeln 5–10 Minuten in heißem Wasser quellen lassen. Kalt abspülen, abtropfen lassen und mit einer Küchenschere in kurze Stücke schneiden.

Knoblauch, Galgantwurzel, Zitronengras, Chilischoten und Minze mit dem Mixer zerkleinern, Soja- und Fischsauce untermischen. Den Fisch dazugeben und alles zu einer homogenen Masse mixen. Frühlingszwiebeln, Glasnudeln und Ei sorgfältig untermischen.

Aus dem Teig mit angefeuchteten Händen kleine Pfannkuchen formen. Öl in einer Pfanne erhitzen und die Pfannkuchen darin von beiden Seiten goldbraun braten. Auf Küchenpapier abtropfen lassen, jeweils in 1–2 Salatblätter wickeln und mit einem Dip nach Wahl servieren.

Hähnchenbrust im Bananenblatt

蕉葉雞肉

Bananenblätter halten das von ihnen umhüllte Gargut, ähnlich wie unsere Bratfolie, saftig und aromatisch, sind aber selbst nicht zum Verzehr geeignet. Übrig gebliebene Blätter können problemlos eingefroren werden.

300 g Hähnchenbrustfilet
2–3 Knoblauchzehen
Salz
1/2 TL frisch gemahlener schwarzer Pfeffer
1/2 Tüte Red pork marinade
1 EL Black bean sauce
10 EL Klebreis
2 Möhren
2 Bambussprossen
4 Frühlingszwiebeln
4–5 Bananenblätter
ungefärbte Bastfäden

Das Hähnchenfleisch etwa 1 Zentimeter groß würfeln. Knoblauch schälen und fein hacken. Beides gut mit den Gewürzen sowie der Sauce vermischen und zugedeckt 30 Minuten marinieren. Klebreis mit kochendem Wasser übergießen und zugedeckt 10–15 Minuten quellen lassen. Die Möhren putzen und zusammen mit den Bambussprossen 1/2 Zentimeter groß würfeln. Beides in Salzwasser blanchieren und abkühlen lassen.

Die Frühlingszwiebeln putzen und in Ringe schneiden. In einer Schüssel Möhren, Bambus und Frühlingszwiebeln mit dem eingelegten Fleisch mischen. Den Klebreis abgekühlt mit der Fleisch-Gemüse-Masse vermischen.

Die Bananenblätter in einem großen Topf blanchieren, kalt abschrecken und trockentupfen. Je 1–2 Esslöffel der Masse auf ein Bananenblatt legen und es zu einem Päckchen von 5 Zentimetern Kantenlänge falten. Überstehende Kanten mit einem scharfen Messer abschneiden. Jedes Päckchen mit einem Bastfaden zusammenbinden.

Den Wok zu 1/3 mit Wasser füllen und es zum Kochen bringen. Die Päckchen in einen Dampfkorb legen und diesen zugedeckt in den Wok setzen. Die Bananenpäckchen 15–20 Minuten darin dämpfen. Vor dem Servieren auf der Oberseite mit einer Schere aufschneiden.

Red Snapper im Bananenblatt

魚肉裹衣

Currypasten sind die Grundlage für viele thailändische und indonesische Gerichte. Sie werden aus Zutaten wie Knoblauch, Zwiebeln, Galgantwurzel, Koriander, Chilischoten, Zitronengras, Garnelenpaste, Öl und Salz hergestellt. Ob rot oder grün, die Currypasten sind in guter Qualität fertig zu kaufen. Sie sind höllisch scharf, also: Vorsicht bei der Dosierung!
Das hier verwendete Thai-Basilikum gehört zwar zur selben Familie wie unser Basilikum, hat aber ein nur entfernt verwandtes Aroma.

- 600 g Filet vom Red Snapper
- 1 grüne Chilischote
- 4–5 Stängel Zitronengras
- 5–6 EL Kokosmilch
- 1–2 EL rote scharfe Currypaste
- Salz
- frisch gemahlener Pfeffer
- 12 Bananenblätter
- 2–3 Limetten
- 12–14 Stängel Thai-Basilikum
- 5–6 EL Black bean sauce
- 12 Zahnstocher

Das Fischfilet in 12 möglichst gleich große Rechtecke teilen, gegebenenfalls entgräten und von der Haut befreien. Die Chilischote halbieren und entkernen, Zitronengras von den äußeren harten Blättern und vom Wurzelansatz befreien, beides fein hacken. Mit Kokosmilch, Currypaste, Salz und Pfeffer mischen. Die Fischstücke darin ca. 30 Minuten zugedeckt ziehen lassen.
Die Bananenblätter mit einem scharfen Messer in DIN-A4 große Stücke schneiden. Blanchieren, kalt abschrecken und trockentupfen. Die Limetten in 24 Scheiben schneiden.
Das Thai-Basilikum waschen, trockenschleudern und die Blättchen abzupfen.
Die Mitte jedes Bananenblatts mit Black bean sauce bestreichen. Jeweils mit 1 Limettenscheibe belegen und mit Basilikum bestreuen. Darauf jeweils 1 Stück Fisch legen, es mit einer weiteren Limettenscheibe bedecken und mit Basilikum bestreuen. Die Bananenblätter zu kleinen Päckchen falten und mit Zahnstochern fixieren.
Den Wok zu 1/3 mit Wasser füllen und es zum Kochen bringen. Die Päckchen in einen Dampfkorb setzen, ihn mit dem Deckel verschließen und in den Wok setzen. Den eingepackten Fisch darin 10 Minuten dämpfen.

Schweinefleisch in der Butterbrottüte

蠟紙包肉

500 g mageres Bio-Schweinefleisch (Schulter oder Rücken)
1 Knoblauchzehe
1/2 Ingwerwurzel
1 EL Black bean sauce
2 EL süße Sojasauce
1 EL Reiswein (ersatzweise Sherry)
1 Prise Salz
1 Bund Frühlingszwiebeln
Butterbrottüten aus Pergament
Zahnstocher
Öl zum Frittieren

Das Fleisch falls nötig von Sehnen und Fett befreien, in Würfel von 2 Zentimetern Kantenlänge schneiden. Knoblauch sowie Ingwer schälen und sehr fein hacken. In einer Schüssel mit Saucen, Reiswein und Salz mischen. Das Fleisch darin unter gelegentlichem Rühren 30–40 Minuten marinieren. Danach herausnehmen und gut abtropfen lassen. Frühlingszwiebeln putzen und den grünen Teil in 3–4 Zentimeter lange Stücke schneiden.
Von den Butterbrottüten die obere Hälfte abschneiden und die untere Hälfte öffnen. Auf dem Tütenboden jeweils Frühlingszwiebelringe verteilen, sie mit Fleischwürfeln bedecken und mit Zwiebelringen bestreuen. Die Luft aus der Tüte möglichst vollständig entweichen lassen (damit sie beim Frittieren nicht auf der Oberfläche schwimmt).
Die beiden oberen Ecken der Tüte zur Mitte hin umklappen und den Rand mehrfach umknicken. Jeweils mit einem Zahnstocher fixieren.
Das Öl im Wok erhitzen, die Tüten portionsweise hineingeben und den Inhalt ca. 9 Minuten darin frittieren. Sofort in den Tüten servieren.

Barsch in Einmachzellophan

透明鱸魚

600 g Rotbarschfilet
4–5 Stängel Zitronengras
2 rote Chilischoten
6 EL Reiswein
(ersatzweise Sherry)
1 EL Austernsauce
1/2 TL Salz
1 Bund Frühlingszwiebeln
Einmachzellophan
Erdnussöl zum Frittieren

Den Fisch falls nötig entgräten und in 2–3 Zentimeter breite Streifen schneiden. Das Zitronengras von den harten äußeren Blättern und vom Wurzelansatz befreien, Chilischoten halbieren und entkernen. Beides in feine Streifen schneiden. Mit Reiswein, Austernsauce und Salz in eine Schüssel füllen. Den Fisch darin zugedeckt 30 Minuten ziehen lassen.
Die Frühlingszwiebeln putzen und in feine Streifen schneiden. Das Einmachzellophan in Quadrate von 12–15 Zentimetern Kantenlänge schneiden. In die Mitte jedes Quadrats ein Fischstück legen und mit Frühlingszwiebeln bestreuen. Das Öl im Wok erhitzen. Inzwischen das Zellophan zu lockeren Päckchen zusammenfalten. Die seitlichen Ränder etwas befeuchten und zusammenkleben. Sofort in das heiße Öl einlegen. Nach 1 1/2 Minuten wenden und weitere 1 1/2 Minuten frittieren (Vorsicht: Wenn die Päckchen durchweichen, besteht Spritzgefahr!). Mit einer Schöpfkelle herausheben und auf vorgewärmten Tellern servieren.

Ab ins Körbchen

In diesem Kapitel werden klassische chinesische Dim Sums vorgestellt. Hinter diesem Namen verbergen sich hier kleine in Won-tan-Blätter gehüllte Köstlichkeiten, die im Dampfkorb gegart werden.
Daneben enthält das Kapitel euro-asiatische Kreationen: Körbchen aus Won-tan-Teig oder Kroepoek, die höchst unterschiedlich gefüllt sind.
Auf der ganzen Welt halten Köche asiatischen Ursprungs einerseits Rezepte ihrer Vorfahren in Ehren, kreieren aber andererseits ständig neue, reizvolle Varianten. Sie sind nicht zuletzt von den Kochtraditionen der Länder geprägt, in denen sich die Köche niedergelassen haben. Lassen sie sich verführen, ihrem Beispiel zu folgen und die Rezepte nach Herzenslust zu variieren und weiterzuentwickeln.

Dim Sums & Co.

Wie gesagt, die folgenden Rezepte sind nur als Beispiele gedacht, die mit Fantasie und Experimentierfreude verändert werden können. Ein paar Tipps sollten Sie dabei beachten:

- Wenn Sie einer Füllung mehr Gemüse beifügen wollen, sollten Sie auch etwas mehr Stärke nehmen, um die zusätzliche Feuchtigkeit zu binden.
- Füllungen mit Puten- oder Hähnchenfleisch werden leicht trocken. Dem können Sie mit der Zugabe von fettem Speck oder Schweinemett, Sesamöl oder verquirltem Ei entgegenwirken. Sollte Letzteres nicht vollständig von der Füllung aufgesogen werden, rührt man sie einfach so lange im Uhrzeigersinn, bis eine homogene Masse entstanden ist.

Gedämpfte Straßen-Won-tans

蒸餛飩

8–10 Mu-Err-Pilze
runde Won-tan-Blätter
150 g Garnelen
1 Bund Frühlingszwiebeln
300 g Bio-Schweinemett
1 EL Zucker
1/2 TL Salz
2 EL Fischsauce
2 EL Sojasauce
1 EL Sesamöl
3 TL Speisestärke
Schnittlauchhalme

Die Mu-Err-Pilze mit kochendem Wasser übergießen und 30 Minuten einweichen. Gründlich waschen und gut ausdrücken. Won-tan-Blätter zwischen feuchten Geschirrtüchern geschmeidig werden lassen. Garnelen schälen und vom Darm befreien. Frühlingszwiebeln putzen.
Alle vorbereiteten Zutaten sehr fein hacken und in einer Schüssel vermischen. Mett, Zucker, Salz, Saucen, Öl und Stärke ebenfalls untermischen.
In die Mitte jedes Won-tan-Blatts 1–2 Teelöffel Füllung setzen. Ränder über der Füllung wie ein leicht geöffnetes Säckchen zusammenfassen. Won-tans vorsichtig mit der Unterseite auf die Arbeitsfläche drücken, damit sie einen geraden Boden bekommen. Wok zu 1/3 mit Wasser füllen und es zum Kochen bringen. Dampfkorb mit Backpapier auslegen und die Won-tans hineinsetzen. Den Dampfkorb mit dem Deckel verschließen und in den Wok stellen. Won-tans 10 Minuten dämpfen. Schnittlauchhalme kurz in warmes Wasser tauchen und die Säckchen damit zubinden.

Geschmorte Teigtäschchen

紅燒餃子

Diese einfache Variante geschmorter Teigtaschen bieten die Bewohner Nordchinas und Shanghais ihren Freunden und Bekannten zum Neujahrsfest als Willkommensgruß und Glücksbringer an. Finden sie eine darin versteckte Erdnuss, ist dies die Verheißung eines langen Lebens. Eine Münze im Teigtäschchen verspricht im folgenden Jahr Glück bei Geldgeschäften.

- runde Won-tan-Blätter
- 150 g Garnelen
- 5 Frühlingszwiebeln
- 4–5 Chinakohl-Blätter
- Salz
- 2 Eier
- 150 g Bio-Schweinemett
- 2 EL Reiswein (ersatzweise Sherry)
- 2 EL Sojasauce
- 1 TL Sesamöl
- frisch gemahlener Pfeffer
- Öl zum Anbraten

Die Won-tan-Blätter zwischen feuchten Geschirrtüchern geschmeidig werden lassen. Garnelen schälen und vom Darm befreien. Die Frühlingszwiebeln putzen und wie die Garnelen fein hacken. Chinakohlblätter waschen, putzen und in feine Streifen schneiden. Leicht salzen, 20 Minuten ziehen lassen und gut ausdrücken.

Die Eier trennen, die Eiweiße beiseite stellen. In einer Schüssel Eigelbe mit Garnelen, Zwiebeln und Chinakohl vermischen. Mett, Reiswein, Sojasauce, Sesamöl, Salz und Pfeffer ebenfalls untermischen. So lange im Uhrzeigersinn rühren, bis eine homogene Masse entstanden ist.

Die Eiweiße verquirlen, die Ränder der Won-tan-Blätter damit einpinseln und etwas antrocknen lassen. In die Mitte 1–2 Teelöffel der Füllung setzen und die Teigränder so zusammenklappen, dass Halbkreise entstehen. Ränder fest zusammendrücken und die Täschchen leicht auf eine bemehlte Arbeitsfläche drücken, so dass sie einen geraden Boden bekommen und die Ränder fächerförmig hochstehen.

Öl im Wok erhitzen und die Won-tans anbraten, bis die Unterseite gebräunt ist. 1/2 Finger breit Wasser angießen (Vorsicht Spritzgefahr!), den Wok mit dem Deckel verschließen und die Won-tans ca. 8 Minuten garen.

Vegetarische Teigtäschchen

素菜餃子

Die Chinesen nennen diese Won-tans ihrer speziellen Form wegen „Hahnenkamm-Teigtaschen". Sie können mit einer speziellen Presse oder einfach von Hand geformt werden.

1–2 Knoblauchzehen
3–4 cm Galgantwurzel
100 g frischer Blattspinat
1/2 Bund Frühlingszwiebeln
100 g Wasserkastanien
2 EL Erdnussöl
1 EL Sesamöl
2 EL fein gewürfelte Bambussprosse
3 TL süße Sojasauce
1/2 TL Fünf-Gewürze-Pulver
Salz
frisch gemahlener Pfeffer
runde Won-tan-Blätter
Pflanzenöl zum Bepinseln

Den Knoblauch schälen und fein hacken. Galgant schälen und fein reiben. Den Spinat putzen und die Wurzeln abbrechen. Waschen und gut abtropfen lassen. Die Blätter mit den fleischigen Stielen fein hacken. Frühlingszwiebeln putzen und mit den Wasserkastanien fein würfeln.
Die beiden Ölsorten im Wok erhitzen und den Knoblauch 1/2 Minute darin pfannenrühren, den Galgant zufügen. Nach 1 Minute Spinat, Frühlingszwiebeln, Kastanien und Bambus zugeben und 2 Minuten mitgaren. Mit der Sojasauce und den Gewürzen vermischen.
Den Wokinhalt in ein Sieb geben und leicht ausdrücken. Den aufgefangenen Sud im Wok reduzieren und wieder mit dem Gemüse vermischen. Sofort in eine Schüssel umfüllen und abkühlen lassen.
Die Won-tan-Blätter zwischen feuchten Geschirrtüchern geschmeidig werden lassen. In die Mitte jedes Teigblatts 1–2 Teelöffel der Füllung setzen. Die Teigränder anfeuchten und so zusammenklappen, dass ein Halbkreis entsteht. Jede Tasche mit beiden Händen festhalten, die Ränder mit Daumen und Zeigefinger zusammendrücken und leicht fächerförmig übereinander schlagen. Von beiden Seiten dünn mit Pflanzenöl einpinseln.
Den Wok zu 1/3 mit Wasser füllen und es zum Kochen bringen. Einen Dampfkorb mit Backpapier auslegen und die Taschen hineinsetzen. Den Dampfkorb mit dem Deckel verschließen und in den Wok stellen. Die Won-tans ca. 10 Minuten darin dämpfen.

Won-tans mit Pute und Garnelen

蝦肉餛飩燒賣

150 g Putenbrustfilet
1–2 EL Reiswein
(ersatzweise Sherry)
150 g Garnelen
1 Stange Staudensellerie
2–3 Frühlingszwiebeln
1 Möhre
1 Ei
2 EL fein gewürfelte
Bambussprosse
3 TL helle Sojasauce
1 EL Fischsauce
1 Prise Salz
1 TL Zucker
1 TL Sesamöl
3 TL Speisestärke
runde Won-tan-Blätter

Das Putenfleisch würfeln und mit dem Reiswein im Mixer zerkleinern. Die Garnelen schälen und vom Darm befreien. Sellerie sowie Frühlingszwiebeln putzen und fein hacken. Die Möhre schälen, fein reiben und gut ausdrücken.
Das Ei trennen, Eiweiß beiseite stellen. Eigelb mit den übrigen Zutaten in einer Schüssel vermischen. Bambus, Saucen, Salz, Zucker, Sesamöl und Speisestärke ebenfalls untermischen. Die Masse zugedeckt kühl stellen.
Das Eiweiß verquirlen. Die Won-tan-Blätter zwischen feuchten Geschirrtüchern geschmeidig werden lassen. In die Mitte jedes Won-tan-Blatts 1 Esslöffel der Füllung setzen. Die Teigränder mit dem Eiweiß bestreichen und leicht antrocken lassen. Je 1/3 des Teigrands so über der Füllung zusammenfassen, dass die Tasche eine pyramidenähnliche Form erhält. Die Ränder gut andrücken.
Den Wok zu 1/3 mit Wasser füllen und es zum Kochen bringen. Einen Dampfkorb mit Backpapier auslegen und die Täschchen hineinsetzen. Den Dampfkorb mit dem Deckel verschließen und in den Wok stellen. Die Won-tans ca. 10 Minuten darin dämpfen.

Won-tans mit Geflügel, Lachs und Garnelen

魚肉餛飩燒賣

1 rote Chilischote
125 g Garnelen
250 g Hähnchenbrustfilet
1 TL Sesamöl
1 EL Reiswein
(ersatzweise Sherry)
1 EL Speisestärke
3 Eiweiß
4–5 Austernpilze
50 g Bambussprosse
4–5 Frühlingszwiebeln
1 EL Erdnussöl
1 EL Austernsauce
2 1/2 EL helle Sojasauce
1 Prise Fünf-Gewürze-Pulver
1 Prise Zucker
1 Prise Salz
125 g Lachsfilet
runde Won-tan-Blätter

Die Chilischote halbieren und entkernen, die Garnelen schälen und vom Darm befreien. Beides ebenso wie das Hähnchenfleisch fein würfeln. In einer Schale mit Sesamöl, Reiswein und Speisestärke vermischen. Im Uhrzeigersinn rührend 2 Eiweiße einarbeiten.
Die Austernpilze putzen und von den harten Stielen befreien. Die Hüte fein hacken. Bambussprosse ebenfalls fein hacken. Die Frühlingszwiebeln putzen und in feine Ringe schneiden.
Das Erdnussöl im Wok erhitzen, Pilze und Bambus darin kurz pfannenrühren. Frühlingszwiebeln, Saucen sowie Gewürze untermischen und alles abkühlen lassen.
Den Lachs in Würfel von ca. 1 Zentimeter Kantenlänge schneiden und zusammen mit dem Wokinhalt unter die Geflügel-Garnelen-Masse mischen. 20–30 Minuten zugedeckt im Kühlschrank ruhen lassen.
Das restliche Eiweiß verquirlen. Won-tan-Blätter zwischen feuchten Geschirrtüchern geschmeidig werden lassen. In die Mitte jedes Teigblatts 1 Teelöffel Füllung legen. Teigränder mit Eiweiß einpinseln und oben zu einem Säckchen zusammenfassen; es sollte etwas geöffnet bleiben. Jedes Won-tan vorsichtig mit dem Boden auf die Arbeitsfläche drücken, damit es eine gerade Unterseite bekommt.
Den Wok zu 1/3 mit Wasser füllen und es zum Kochen bringen. Dampfkorb mit Backpapier auslegen und die Won-tans darauf setzen. Den Korb mit dem Deckel verschließen, in den Wok setzen und die Won-tans 8 Minuten dämpfen.

Won-tans mit Hähnchen und Rotbarsch

炒豬肉絲

eckige Won-tan-Blätter
150 g Rotbarschfilet
150 g Hähnchenbrustfilet
2–3 Frühlingszwiebeln
1 kleine Stange Staudensellerie
1 grüne Chilischote
1 TL Fischsauce
1 EL helle Sojasauce
1 Prise Zucker
1/2 TL Salz
2 Eiweiß

Die Won-tan-Blätter zwischen feuchten Geschirrtüchern geschmeidig werden lassen. Den Fisch falls nötig entgräten und ebenso wie das Hähnchenfleisch fein hacken. Frühlingszwiebeln sowie den Sellerie putzen und ebenfalls fein hacken. Die Chilischote halbieren, entkernen und fein würfeln. Mit den Saucen, Zucker sowie Salz würzen und zugedeckt 20 Minuten kühl stellen.

Die Eiweiße verquirlen und die Ränder der Won-tan-Blätter damit einpinseln. Jeweils 1 Teelöffel der Füllung in die Mitte der Blätter legen. Zwei sich gegenüberliegende Spitzen aufeinander legen und die Ränder fest zusammendrücken.

Die untere Kante des entstandenen Dreiecks anfeuchten. Die rechte und linke Spitze zur Mitte der Unterkante klappen und fest andrücken, so dass die Teigtasche die Form eines geöffneten Briefumschlags erhält.

Den Wok zu 1/3 mit Wasser füllen und es zum Kochen bringen. Den Dampfkorb mit Backpapier auslegen und die Won-tans darauf setzen. Den Dampfkorb mit dem Deckel verschließen, in den Wok stellen und die Won-tans darin ca. 8 Minuten dämpfen.

Pfannengerührtes Schweinefleisch in Kroepoek-Schälchen

炒豬肉絲

Kroepoek, auch Krupuk, Kropok oder Krabbenbrot genannt, sind hauchdünne, blassrosa schimmernde und steinharte Chips aus gemahlenen Garnelen, Tapiokamehl und verschiedenen Gewürzen. Beim Frittieren in Öl blähen sie sich auf und nehmen bizarre Formen an. Man lässt sie auf Küchenpapier abtopfen und kann sie pur genießen oder aber wie im folgenden Rezept füllen.

400 g Bio-Schweinefilet
4 Knoblauchzehen
1 rote Chilischote
3–4 EL Erdnussöl
frisch gemahlener schwarzer Pfeffer
Salz
1 TL brauner Zucker
1 EL Fischsauce
1 EL Zitronensaft
2 Zwiebeln
4 Frühlingszwiebeln
Kroepoek
Öl zu Frittieren

Das Schweinefilet in 3–4 Zentimeter lange Stücke und diese in ca. 1 Zentimeter breite Streifen schneiden. Die Knoblauchzehen und die entkernte Chilischote möglichst fein hacken. 1 Esslöffel Erdnussöl mit Pfeffer, Salz, Zucker, Fischsauce, Zitronensaft, Knoblauch und Chilischote vermischen. Das Filet 1–2 Stunden zugedeckt darin marinieren. Danach herausnehmen und abtropfen lassen. Die Zwiebeln schälen, die Frühlingszwiebeln putzen und beides getrennt in Streifen schneiden.

Das restliche Erdnussöl im Wok erhitzen, das Fleisch darin pfannenrühren, bis es hellbraun ist, herausnehmen. Im verbliebenen Öl die Zwiebelstreifen ebenfalls pfannenrühren, mit Pfeffer, Salz und Zucker würzen. Das Fleisch mit den Frühlingszwiebeln dazugeben und nochmals kurz pfannenrühren, herausnehmen und warm halten.

Das Öl im Wok erhitzen, Kroepoek portionsweise ausbacken und auf Küchenpapier abtropfen lassen. Dann die gewölbten „Knusperschiffchen" mit dem Wokinhalt füllen.

Variationen in Won-tan-Körbchen

Viele Haushaltwarengeschäfte führen inzwischen Muffin-Bleche mit Vertiefungen in der Größe von Eierbechern. Dies ist die ideale Körbchengröße für kleine asiatische „Won-tan-Torteletts", die höchst unterschiedlich gefüllt werden können. Hier sind das Grundrezept und sechs verschiedene Füllungen:

Won-tan-Körbchen

餛飩肉

Kleine runde Won-tan-Blätter
1 Blech für Mini-Muffins
Erdnussöl für das Blech

Die Won-tan-Blätter zwischen feuchten Geschirrtüchern geschmeidig werden lassen. Inzwischen die Vertiefungen des Muffin-Blechs mit Erdnussöl auspinseln. Die Teigblätter so hineindrücken, dass sie den Boden vollständig bedecken und die Enden leicht überlappend und ungleichmäßig hochstehen. Im auf 180–200 °C vorgeheizten Ofen 7–8 Minuten hellbraun backen und auskühlen lassen.

Thai-Hähnchen-Füllung

泰式椰奶雞

2 Knoblauchzehen
3 rote Chilischoten
4–5 cm Galgantwurzel
etwas abgeriebene Zitronenschale
1 EL Kurkuma
1 TL Fünf-Gewürze-Pulver
4 Hähnchenbrustfilets
1 EL Zitronensaft
2 EL süße Sojasauce
2 EL Austernsauce
1 EL Sesamöl
6–8 grüne Bohnen
1–2 EL Erdnussöl
2 EL Kokosmilch

Den Knoblauch schälen, 2 Chilischoten halbieren und entkernen, beides fein hacken. Den Galgant schälen und fein reiben. Knoblauch, gehackte Chilischoten und Galgant mit Zitronenschale, Kurkuma und Fünf-Gewürze-Pulver vermischen. Das Fleisch mit dieser Mischung einreiben. Zitronensaft, Sojasauce, Austernsauce und Sesamöl verrühren und über das Fleisch gießen. Mindestens einige Stunden, am besten aber über Nacht unter mehrmaligem Wenden marinieren.
Die restliche Chilischote halbieren und entkernen. Bohnen putzen und in Scheiben schneiden. Hähnchenfleisch aus der Marinade heben und in Streifen schneiden.
Das Erdnussöl im Wok erhitzen und die Chilischote kurz pfannenrühren, das Fleisch zugeben und knusprig braten. Die Bohnen zufügen. Die Marinade und die Kokosmilch angießen. Köcheln lassen, bis die Bohnen al dente sind. Fleisch und Bohnen mit einer Schaumkelle herausnehmen und den Sud dickflüssig reduzieren. Beides wieder untermischen und ab ins Körbchen damit.

Enten-Paprika-Füllung

杏椒炒鴨肉

1 Barbarie-Entenbrust
2 Knoblauchzehen
1 Möhre
1 Bambussprosse
1 rote Paprikaschote
4 Frühlingszwiebeln
2–3 Zweige Koriandergrün
4 EL Erdnussöl
3 Sternanis
2 EL Austernsauce
2 EL süße Sojasauce
1 EL Reisweis
(ersatzweise Sherry)
frisch gemahlener Pfeffer
1 TL brauner Zucker
1 TL Gelierzucker
100 ml Fleischbrühe
20 g Mandelstifte

Die Entenbrust häuten, Haut und Fleisch getrennt in feine Würfel schneiden. Knoblauch und Möhre schälen, ebenso wie den Bambus fein würfeln. Paprika von Stielansatz, Samen sowie Scheidewänden befreien und ebenfalls fein würfeln. Die Frühlingszwiebeln putzen und in feine Ringe schneiden. Koriandergrün waschen und trockenschleudern, Blättchen abzupfen und in Streifen schneiden.
Das Erdnussöl im Wok erhitzen, die Entenhaut kross darin anbraten, herausnehmen. In dem verbliebenen Öl Sternanis, Knoblauch und Fleisch pfannenrühren. Möhre und Bambus dazugeben. Mit Saucen, Reiswein, Pfeffer und den beiden Zuckersorten würzen. Die Fleischbrühe angießen. Paprika und Mandelstifte zugeben. Zuletzt die Frühlingszwiebeln und die Entenhaut untermischen. Den Sternanis herausnehmen. Ab ins Körbchen mit der Füllung und mit den Korianderblättchen bestreuen.

Schweinefleisch-Gemüse-Füllung

炒豬肉絲

500 g mageres Bio-Schweinefleisch
Salz
frisch gemahlener Pfeffer
1 Ei
2 EL Speisestärke
1 Knoblauchzehe
2 Stangen Staudensellerie
2 grüne Paprikaschoten
2–3 Frühlingszwiebeln
2 EL Erdnussöl
1/2 Tasse Hühnerbrühe
1 EL Sojasauce
2 EL Reiswein (ersatzweise Sherry)
1 Prise Zucker
1 TL Sesamöl

Das Schweinefleisch in feine Streifen schneiden, mit Salz und Pfeffer würzen. Das Ei, 1 Esslöffel Speisestärke und 1 Teelöffel Wasser verquirlen und mit den Fleischstreifen vermischen.

Den Knoblauch schälen und fein würfeln. Staudensellerie putzen und in feine Streifen schneiden. Die Paprikaschoten von Stielansatz, Samen sowie Scheidewänden befreien und fein würfeln. Frühlingszwiebeln putzen und in feine Ringe schneiden.

Das Erdnussöl im Wok erhitzen und den Knoblauch kurz darin pfannenrühren, das Fleisch zugeben und kurz mitgaren, dann den Sellerie zugeben. Die Brühe angießen und aufkochen lassen. Die Paprika und die Frühlingszwiebeln untermischen. Sojasauce, Reiswein, 1 Esslöffel Wasser, Zucker, Sesamöl sowie die restliche Speisestärke verquirlen und in den Wok gießen. Aufkochen und die Sauce binden lassen – ein klarer Fall für's Körbchen.

Fischfüllung mit Ananas

魚香鳳梨

500 g Fischfilet
nach Belieben
1 EL Reiswein
(ersatzweise Sherry)
3 EL süße Sojasauce
frisch gemahlener Pfeffer
1/2 TL Salz
1 rote Chilischote
1 Stange Lauch
2 Frühlingszwiebeln
1 kleine Dose Ananas
1 Ei
3 EL Speisestärke
Erdnussöl zum Frittieren

Den Fisch falls notwendig entgräten und ca. 1 Zentimeter groß würfeln. Reiswein, 2 Esslöffel Sojasauce, Pfeffer und Salz mischen. Den Fisch darin 30 Minuten zugedeckt marinieren, herausnehmen und gut abtropfen lassen.

Die Chilischote halbieren, entkernen und möglichst fein würfeln. Lauch sowie Frühlingszwiebeln putzen und in feine Streifen schneiden.

Die Ananasscheiben auf einem Sieb abtropfen lassen und den Saft auffangen. 4 Scheiben in 1 Zentimeter große Würfel schneiden, den Rest anderweitig verwenden. Ei, 1 Teelöffel Wasser sowie 1 Esslöffel Speisestärke verquirlen und die Fischwürfel darin wenden.

Erdnussöl 2 Zentimeter hoch in den Wok einfüllen und erhitzen. Die Fischwürfel darin kross frittieren, mit einer Schöpfkelle herausnehmen und abtropfen lassen. Das Öl wegschütten.

2 Esslöffel frisches Öl im Wok erhitzen, Chilischote und Lauch darin pfannenrühren. Frühlingszwiebeln und Ananas zugeben. 1/4 Tasse des Ananassafts abmessen und mit Pfeffer, Salz, 1 Esslöffel Sojasauce und 2 Esslöffeln Speisestärke verrühren. Mit der Marinade in den Wok gießen. Aufkochen und die Sauce binden lassen. Die Fischwürfel wieder einlegen. Die Körbchen mit dem Wokinhalt füllen.

Garnelenfüllung mit Gemüse

炒青豆蝦仁

1 Knoblauchzehe
1 grüne Chilischote
250 g rohe Garnelen
2 EL Reiswein
(ersatzweise Sherry)
1 EL helle Sojasauce
1 TL Zucker
3 EL Brühe
frisch gemahlener Pfeffer
1 gehäufter EL Speisestärke
3–4 Stängel Thai-Minze
2 EL Erdnussöl
150 g Erbsen
250 g Sojasprossen

Den Knoblauch schälen und fein hacken. Chilischote halbieren, entkernen und fein hacken. Die Garnelen schälen und vom Darm befreien.

Reiswein, Sojasauce und Zucker in einem Schüsselchen vermischen. In einem zweiten Schüsselchen Brühe, Pfeffer und Speisestärke glatt rühren. Thai-Minze abbrausen, trockenschleudern, Blättchen abzupfen und in Streifen schneiden.

Das Erdnussöl im Wok erhitzen, Knoblauch und Chilischote darin pfannenrühren, Garnelen zugeben und mitgaren, bis sie einen kräftigen Rosaton angenommen haben. Erbsen und Sojasprossen untermischen. Die Reiswein-Sojasaucen-Mischung angießen und 2 Minuten köcheln lassen. Die in Brühe aufgelöste Speisestärke einrühren und zum Kochen bringen. Hat die Füllung die gewünschte Konsistenz: rein in die Körbchen und mit Minze bestreuen.

Jetzt gibt's was auf die Löffel

Eines haben alle in diesem Kapitel vorgestellten kleinen Köstlichkeiten gemeinsam: Sie werden in so genannten Chinalöffeln serviert. Diese Löffel sind aus Porzellan hergestellt und in Asienläden preiswert erhältlich.
Da sie in der Regel standfest sind, bieten Chinalöffel nicht nur die Möglichkeit, damit Snacks sang- und klanglos zu verspeisen. Vielmehr eignen sie sich auch dazu, kleine Bällchen und Häppchen besonders hübsch zu präsentieren – auf einem Buffet zum Beispiel.
Und Platz für eine schöne Deko oder einen Dip bieten sie noch obendrein. Apropos Dip: Selbstverständlich können Sie die hier vorgestellten Snacks ganz nach Belieben mit den im letzten Kapitel aufgeführten Dips und Saucen kombinieren.

Klebreisbällchen

糯米包肉

250 g Klebreis
150 g Bio-Schweine-
gehacktes
1 EL rote Currypaste
1 TL Hoisin-Sauce
1/2 TL Salz
4 Eier
Öl zum Frittieren
Sweet chilli sauce
(fertig oder Rezept S. 112)

Am Vortag den Klebreis mindestens 8 Stunden in Wasser einweichen. Am Tag der Verwendung den Reis abtropfen lassen. Den Dampfkorb mit einem Dämpftuch auslegen und den Reis einfüllen. Den Wok zu 1/3 mit Wasser füllen und es zum Kochen bringen. Dampfkorb hineinstellen und den Reis 15 Minuten dämpfen (währenddessen den Wasserstand überprüfen). Lauwarm abkühlen lassen.
Den Reis sorgfältig mit Hackfleisch, Currypaste, Hoisin-Sauce und Salz vermischen. Jeweils 1 Esslöffel der Reismischung abstechen und mit feuchten Händen zu einem Bällchen formen.
Die Eier in einer Schüssel leicht verquirlen. Das Öl im Wok auf 160–170 °C erhitzen. Die Reisbällchen in das Ei tauchen und goldbraun frittieren. Auf Küchenpapier abtropfen lassen und mit Sweet chilli sauce in Chinalöffeln servieren.

Tipp: Das Dämpftuch bekommen Sie in Asienläden. Ein dünnes Leinentuch tut's allerdings auch.

Schwimmende Hähnchenbällchen

炸雞球

400 g Hähnchenbrustfilet
100 g gekochter Schinken
5 Frühlingszwiebeln
1 Stängel Staudensellerie
1 rote Chilischote
1 Knoblauchzehe
1 Bambussprosse
1 EL süße Sojasauce
1 EL Reiswein
(ersatzweise Sherry)
1 Eiweiß
1 EL Speisestärke
1 TL Sesamöl
2 l kräftige Hühnerbrühe

Die Hähnchenbrustfilets und den Schinken fein hacken. Die Frühlingszwiebeln putzen und in feine Ringe schneiden. Staudensellerie putzen, Chilischote halbieren und entkernen, Knoblauch schälen und alles ebenso wie die Bambussprosse fein hacken.
Die zerkleinerten Zutaten mit Sojasauce, Reiswein, Eiweiß, Speisestärke und Sesamöl in eine Schüssel füllen und ca. 2 Minuten im Uhrzeigersinn rühren. Jeweils 1 Teelöffel der Masse abstechen und mit feuchten Händen zu einem Bällchen formen.
Die Brühe zum Kochen bringen, die Hitze etwas herunter schalten und die Bällchen in der leicht köchelnden Brühe gar ziehen lassen. Mit etwas Brühe in Chinalöffeln anrichten und servieren.

Tipp: Die Bällchen sind gar, wenn sie leicht und locker auf der Oberfläche der Brühe schwimmen.

Thailändische Fleischbällchen

泰式肉丸

3 Stängel Zitronengras
3–4 Knoblauchzehen
2 rote Chilischoten
1 Bund Koriandergrün
500 g Schweinemett
1 EL Fischsauce
3 TL brauner Zucker
Salz
frisch gemahlener Pfeffer
1 Ei
Erdnussöl zum Frittieren
1 Bund Frühlingszwiebeln
Sweet chilli sauce
(Rezept S. 112)
Zahnstocher

Das Zitronengras von den festen äußeren Blättern und vom Wurzelansatz befreien. Den Knoblauch schälen, die Chilischoten halbieren und entkernen. Das Koriandergrün abbrausen, trockenschleudern und die Blättchen abzupfen. Alles sehr fein hacken und in einer Schüssel mit Schweinemett, Fischsauce, Zucker, Salz, Pfeffer sowie verquirltem Ei mischen, dabei immer im Uhrzeigersinn rühren.
Jeweils 1–2 Esslöffel der Masse abstechen und zu einem Bällchen formen. Das Erdnussöl im Wok erhitzen und die Fleischbällchen darin knusprig frittieren.
Die Frühlingszwiebeln putzen und die grünen Teile fein hacken. Bällchen auf Zahnstocher spießen. Mit Sweet chilli sauce und Frühlingszwiebelgrün im Chinalöffel servieren.

Pfannengerührtes Rindfleisch aus Vietnam

炒越式牛肉

3–4 Knoblauchzehen
4 grüne Chilischoten
600 g Bio-Rinderhüftsteak
1 EL Austernsauce
1 TL brauner Zucker
Salz
3 EL Erdnussöl
1 Zwiebel
1 EL japanischer Reisessig
1 TL Sesamöl
frisch gemahlener schwarzer Pfeffer
einige Blätter Eisbergsalat

Den Knoblauch schälen und fein würfeln. Die Chilischoten halbieren, entkernen und in feine Streifen schneiden. Das Rindfleisch 2 Zentimeter groß würfeln. 3/4 des Knoblauchs, Chilischoten, Austernsauce, Zucker, Salz und 1 Esslöffel Erdnussöl vermischen und das Fleisch darin zugedeckt 1–2 Stunden marinieren, herausnehmen.
Die Zwiebel schälen, fein würfeln und 10 Minuten in dem Reisessig ziehen lassen. Mit Sesamöl, Salz und Pfeffer vermischen.
2 Esslöffel Erdnussöl in einem Wok erhitzen und den restlichen Knoblauch darin pfannenrühren. Die Chilischoten aus der Marinade dazugeben und das Fleisch untermischen. Nach 2 Minuten die Zwiebel zugeben und alles pfannenrühren, bis die Fleischwürfel außen gebräunt, innen aber noch rosa sind. Salatblätter waschen, putzen, in Streifen schneiden und auf Chinalöffel verteilen. Die Fleischwürfel darauf anrichten.

Gedämpfte Perlbällchen

蒸珍珠球

1 kleine Zwiebel
1 Knoblauchzehe
1 EL Erdnussöl
1 EL gehackte Petersilie
1 EL gehacktes Koriandergrün
300 g Bio-Gehacktes (halb Rind, halb Schwein)
2 Eier
1/2 TL Speisestärke
1 TL Currypulver
1/2 TL Ingwerpulver
1/2 TL Salz
frisch gemahlener Pfeffer
1 TL Austernsauce
100 g Risottoreis (italien. Rundkorn)
1,5 l kräftige Hühnerbrühe
Öl zum Einpinseln
Doktors Sweet and sour sauce (Rezept S. 111) oder Sweet and sour dip (Rezept S. 112)

Die Zwiebel sowie den Knoblauch schälen und fein hacken. Erdnussöl in einer Pfanne erhitzen und beides darin hellbraun anbraten, vom Herd nehmen. Mit den Kräutern vermischen und abkühlen lassen. Gehacktes, Eier, Speisestärke, Gewürze und Austernsauce untermischen, dabei 2 Minuten im Uhrzeigersinn rühren.
Den Reis 3 Minuten in leicht gesalzenem Wasser kochen, dann auf einem Sieb abtropfen und auskühlen lassen.
Jeweils 1–2 Esslöffel der Fleischmasse abstechen und mit den Händen zu einem Bällchen formen. So lange in dem Reis wälzen, bis es rundherum damit „paniert" ist.
Die Hühnerbrühe im Wok zum Kochen bringen. Den Einsatz eines Dampfkorbs mit Öl einpinseln und die Bällchen hineinlegen. Den Dampfkorb mit dem Deckel verschließen und in den Wok setzen. Die Bällchen 6–7 Minuten darin dämpfen. Mit Doktors Sweet and sour sauce oder Sweet and sour dip in Chinalöffeln servieren.

Tipp: Sie können die Mischung auch um ca. 30 Minuten eingeweichte, gründlich gewaschene und klein geschnittene Mu-Err-Pilze ergänzen. Oder versuchen Sie die Bällchen einmal mit einer Füllung von Hähnchenfleisch und Garnelen. Die „Panade" kann man nach Belieben auch um fein gehacktes Gemüse ergänzen. Lassen Sie Ihrer Fantasie freien Lauf!

Gefüllter Klebreis

糯米包肉

200 g Klebreis
120 g rohe Garnelen
3 Frühlingszwiebeln
4 Wasserkastanien
150 g Bio-Schweinegehacktes
2 EL Austernsauce
frisch gemahlener Pfeffer
1 Ei
1 EL Speisestärke
Öl zum Einpinseln

Am Vortag den Klebreis mindestens 8 Stunden in Wasser einweichen. Am Tag der Verwendung den Reis abtropfen lassen. Dampfkorb mit einem speziellen Dämpftuch oder dünnem Leinentuch auslegen und den Reis darauf verteilen. Den Wok zu 1/3 mit Wasser füllen und zum Kochen bringen. Den Dampfkorb hineinstellen und den Reis 20 Minuten dämpfen (währenddessen den Wasserstand überprüfen). Abkühlen lassen.

Die Garnelen schälen und vom Darm befreien. Die Frühlingszwiebeln putzen und zusammen mit den Wasserkastanien fein hacken. Alles in einer Schüssel mit Gehacktem, Austernsauce, Pfeffer, Ei und Speisestärke vermischen. Jeweils 2 Esslöffel Reis in der Handfläche flach drücken. 1 Esslöffel der Fleischmasse mittig darauf legen, vorsichtig mit dem Reis umhüllen und Bällchen daraus formen. Fortfahren, bis Reis oder Fleischmasse aufgebraucht sind. Den Wok zu 1/3 mit Wasser füllen und es zum Kochen bringen. Den Einsatz eines Dampfkorbs mit Öl einpinseln und die Bällchen hineinsetzen. Den Dampfkorb mit dem Deckel verschließen und in den Wok stellen. Die Reisbällchen 14–15 Minuten dämpfen. Mit einem Dip nach Wahl im Chinalöffel servieren.

Kantonesische Garnelenbällchen

炸蝦球

550 g Hummerkrabben (ohne Kopf)
50 g fetter Speck
5 Wasserkastanien
1 TL Salz
1 EL Zucker
1/2 TL Austernsauce
1 TL Kartoffelmehl
1 Eiweiß
9–10 Scheiben Weißbrot vom Vortag
Öl zum Frittieren
2 EL Hoisin-Sauce
1 EL Sesamöl

Die Hummerkrabben schälen und vom Darm befreien. Flach klopfen und möglichst fein hacken. Speck und Wasserkastanien sehr fein würfeln. Krabben, Speck und Kastanien in einer Schüssel mit Salz, 1 Prise Zucker, Austernsauce und Kartoffelmehl vermischen. Das Eiweiß leicht mit einer Gabel verschlagen und ebenfalls unterrühren. So lange im Uhrzeigersinn weiterrühren, bis eine feste Masse von elastischer Konsistenz entstanden ist. 20–30 Minuten zugedeckt im Kühlschrank ziehen lassen. Inzwischen die Weißbrotscheiben entrinden, in möglichst feine Würfel schneiden und in eine Schüssel geben. Jeweils 1–2 Esslöffel der Garnelenmasse abstechen und mit leicht angefeuchteten Händen zu Bällchen formen. So lange vorsichtig in den Brotwürfeln wälzen, bis sie rundherum damit bedeckt sind. Das Frittieröl in einem Topf erhitzen und die Garnelenbällchen darin schwimmend goldbraun frittieren.
Für den Dip 1 Esslöffel Zucker, 1 Esslöffel Wasser, Hoisin-Sauce und Sesamöl mit einem Schneebesen vermischen. Die Bällchen damit im Chinalöffel servieren.

Fischbällchen in Brühe

魚丸湯

600 g Rotbarschfilet
1 rote Chilischote
1 cm Ingwerwurzel
4 Frühlingszwiebeln
2 EL Sojabohnenpaste
1 Prise Zucker
1/2 TL Salz
frisch gemahlener Pfeffer
1 EL Austernsauce
1 TL Sesamöl
4 EL Speisestärke
1,5 l Fischfond

Den Fisch falls nötig entgräten und in Würfel schneiden. Chilischote halbieren und entkernen. Ingwerwurzel schälen und grob klein schneiden. Frühlingszwiebeln putzen und in Ringe schneiden.
Fisch, Chilischote und Ingwer mit der Sojabohnenpaste im Mixer zerkleinern und in eine Schüssel füllen. Frühlingszwiebeln (bis auf einen kleinen Rest), Zucker, Salz, Pfeffer, Austernsauce, Sesamöl und Speisestärke untermischen.
Die Masse zugedeckt 30 Minuten kühl stellen.
Den Fischfond zum Kochen bringen und dann die Hitze reduzieren. Mit einem feuchten Teelöffel Klößchen aus der Fischmasse abstechen und in der leicht köchelnden Brühe gar ziehen lassen, bis sie an die Oberfläche steigen; das dauert 4–5 Minuten. Mit etwas Brühe und den restlichen Frühlingszwiebelringen in Chinalöffeln servieren.

Eiweißblüten im Chinalöffel

桂花湯匙

1 Bund Koriandergrün
4 Eiweiß
Salz
frisch gemahlener Pfeffer
Sesamöl zum Einpinseln

Den Koriander abbrausen, trockenschleudern und die Blättchen abzupfen. Eiweiße mit 1 Esslöffel Wasser, Salz und Pfeffer verquirlen. 12 Chinalöffel mit Sesamöl einpinseln. Die Eiweißmischung auf die Löffel verteilen und jeweils mit einem Korianderblättchen belegen.
Den Wok zu 1/3 mit Wasser füllen und es zum Kochen bringen. Die Chinalöffel in einen Dampfkorb setzen, ihn mit dem Deckel verschließen und in den Wok stellen. Die Eiweißmasse 3 Minuten bei reduzierter Hitze dämpfen. Die gestockten Eiweißblüten kurz in heißes Wasser tauchen, damit sie sich leichter von den Löffeln lösen lassen. Als Deko für einzelne Gerichte oder Buffets einsetzen.

Von der Gabel in den Schnabel

Mit der Gabel oder ganz stilecht mit Essstäbchen isst man die kleinen Köstlichkeiten aus Japan, die in diesem Kapitel vorgestellt werden. Tempura, frittierte Happen in einem knusprigen Teig, und Sushi, kunstvolle Gebilde aus gesäuertem Reis, Fisch, Gemüse etc., sind herausragende Beispiele der japanischen Kochtradition. Die Tempura-Technik ist eigentlich recht einfach zu erlernen. Hier kommt es vor allem auf beste Qualität der Zutaten und die richtige Temperatur des Frittieröls an. Bis allerdings japanische Köche die Kunst, Sushi zuzubereiten, perfektioniert haben und sich Itamae (Sushi-Koch) nennen dürfen, absolvieren sie eine jahrelange Ausbildung. Doch auch mit vergleichsweise einfachen Mitteln und ein wenig Fingerspitzengefühl kommt man schon zu erstaunlichen Ergebnissen.

Tempura-Variationen

Das spezielle Tempuramehl erhalten Sie in Asienläden. Es ist extrem fein ausgemahlen und wird mit eiskaltem Leitungs- oder Mineralwasser angerührt. Der Tempurateig muss dünn sein und sollte erst ganz kurz vor dem Gebrauch vorbereitet werden. Und ist einmal kein Tempuramehl zur Hand, können Sie den zweiten Grundteig verwenden.

Grundteig mit Tempuramehl

麵衣基本材料

2 Eigelb
1/2 l Eiswasser
250 g Tempuramehl

In einer Schüssel die Eigelbe, das Eiswasser und 1 Esslöffel Tempuramehl verquirlen. Nach und nach das restliche Mehl unterrühren.

Grundteig ohne Tempuramehl

無麵衣材料

gut 1/2 l Eiswasser
120 g Weizenmehl
3 TL Backpulver
120 g Maisstärke
7 1/2 EL Erdnussöl

In einer Schüssel das Eiswasser mit 1 Esslöffel Weizenmehl verrühren. Das restliche Weizenmehl mit dem Backpulver vermischen und zusammen mit der Maisstärke unterrühren. Das Öl ebenfalls zugeben.

Mischgemüse

綜合蔬菜

Besonders attraktiv ist eine Kombination von verschiedenen Gemüsesorten, jeweils geputzt und in feine Streifen geschnitten: z.B. rote Paprikaschoten, Lauch, Zucchini, längs geraspelte Möhren, halbierte Frühlingszwiebeln und Brokkoli- oder Blumenkohlröschen. Auch kleine Champignonköpfe oder in dünne Scheiben geschnittene Süßkartoffeln eignen sich sehr gut für diese Zubereitungsform.
Am besten vermischt man das Gemüse nach Wahl mit dem Tempurateig, nimmt es portionsweise mit Gemüsezange oder Essstäbchen heraus und taucht es in erhitztes Erdnussöl.
Sobald das Gemüse darin zusammenhält, lässt man es los und frittiert es schwimmend goldbraun. Vor dem Servieren sollte das Gemüse kurz auf Küchenpapier abtropfen. Danach würzt man es nach Belieben mit Pfeffer und Salz.

Fisch- und Fleischtempura

炸魚肉塊

In Tempurateig ausgebacken schmecken auch kleine Kalmare, in Würfel geschnittenes Fischfilet, Puten- oder Hähnchenbrust und Schweinefleisch. Auch Tempura aus diesen Zutaten lässt man nach dem Ausbacken auf Küchenpapier abtropfen und würzt sie nach Belieben mit Pfeffer und Salz.

Der passende Dip

Als Dip für Gemüse-, Fisch- und Fleischtempura ist eine Mischung aus Reiswein, heller japanischer Sojasauce, etwas geraspeltem Rettich, vorher mit Salz entwässert und ausgedrückt, und fein geriebener Ingwerwurzel zu empfehlen. Jeder sollte sein Lieblingsmischungsverhältnis dieser Zutaten – von mild bis höllisch scharf – selbst herausfinden. Der Autor bevorzugt als Begleiterin schlicht koreanische Sojasauce.

Tipp: Damit flüssigkeitshaltige Tempura-Aspiranten wie Möhren, Süßkartoffeln oder Kalmare den Tempurateig nicht zu sehr verwässern, sollte man sie zuvor in Mehl wenden und anschließend leicht abklopfen.

Sushi

Die meisten Zutaten für die Zubereitung von Sushi erhalten Sie in Asienläden: Sie benötigen Sushi-Reis (eine spezielle japanische Rundkorn-Reisart), Sushi-zu (einen milden japanischen Reisessig), Sake (japanischen Reiswein), Nori (schwarze Blätter aus getrocknetem Seetang), Wasabi-Paste (eine grüne, scharfe Masse aus dem japanischen Meerrettich), 1–2 kleine Bambusmatten zum Rollen und Formen sowie süß-sauer eingelegten Ingwer in feinen Scheiben (eine sehr beliebte Beilage).
Für alle nicht haltbaren Zutaten ist Frische oberstes Gebot: Verlangen Sie z.B. bei Ihrem Fischhändler Ware in Sushi-Qualität. Aber auch der unerlässliche Sushi-Reis muss frisch gekocht und auf Zimmertemperatur abgekühlt sein. Nur so ist er noch körnig und locker, aber schon so klebrig, dass die Kunstwerke nicht gleich auseinander fallen.

Grundrezept Sushi-Reis

壽司飯

Aus diesem Reis lassen sich die beliebtesten und bekanntesten Sushi-Sorten herstellen. Entscheidend für das Gelingen der Sushi ist, dass der Reis von bester Qualität ist und genau nach Rezept zubereitet wird.

Für den Reis:
550 g Sushi-Reis
3/4 l Wasser
Für den Sushi-zu:
5 EL Reiswein (ersatzweise Sherry)
1 EL Mirin (süßer japanischer Reiswein)
3 EL Zucker
1 EL Salz

Den Reis mehrmals in kaltem Wasser spülen, in ein Sieb schütten und das Wasser so lange erneuern, bis es klar bleibt. Anschließend 50–60 Minuten auf einem Sieb abtropfen lassen.
Den Reis anschließend mit 3/4 Liter Wasser zum Kochen bringen und so lange köcheln lassen, bis sich auf der Reisoberfläche kleine Löcher bilden (das dauert 5–10 Minuten), dann die Hitze abschalten. Den Topf verschließen und den Reis 10–12 Minuten ziehen lassen. Deckel abnehmen und den Reis unter einem Geschirrtuch nochmals 15 Minuten ruhen lassen. In eine große Keramik- oder Holzschale (auf keinen Fall in eine Metallschale) umfüllen. Alle für den Sushi-zu angegebenen Zutaten so lange verrühren, bis sich Zucker und Salz vollständig aufgelöst haben.

Die weiteren Arbeitsschritte lassen sich am besten zu zweit ausführen: Eine Person fächelt mit einem Fächer oder einem Stück Pappe kühlende Luft in die Schale mit dem Reis. Die andere Person gießt den Sushi-zu in die Schale und rührt gleichzeitig den Reis mit einem Spatel vorsichtig um. Auf diese Weise ist er schon nach 10 Minuten erkaltet und erhält dadurch einen besonders schönen Glanz.

Tipps: Ungeduldige können den Fächer durch einen auf kalte Stufe eingestellten Föhn ersetzen.
Sushi-zu, der helle, milde Spezialessig für die Sushi-Herstellung, ist in Asienläden auch fertig erhältlich.
Nach Geschmack kann dem Sushi-Reis zusätzlich noch etwas Sake zugefügt werden.

Nori-Tüten
海苔袋卷

Möhren
Salatgurke
frisches Lachsfilet
Kresse
Nori-Blätter
1 Grundrezept Sushi-Reis
Wasabi-Paste

Möhren und Salatgurke schälen und die Gurke entkernen. Beides in feine Stifte schneiden. Lachs in dünne Streifen schneiden. Kresse abbrausen und trockenschleudern. Nori-Blätter in 3–4 Teile schneiden. Über die Mitte der Blattstücke jeweils diagonal etwas von dem Sushi-Reis verteilen. Darauf ein wenig Wasabi verstreichen. Gemüsestifte, Lachsstreifen und Kresse darauf anhäufen. Jedes Stück Nori-Blatt zu einer Spitztüte aufrollen und am spitzen Ende anfeuchten, damit die Tüte nicht aufgeht. Es sieht besonders hübsch aus, wenn Gemüse, Fisch und Kresse oben etwas aus der Tüte herausschauen.

Tipps: Sie können die Tüten selbstverständlich auch mit anderen Fisch- und Gemüsesorten zubereiten (siehe Tipps zu Nigiri-zushi).
Für ein Party-Buffet können Sie eine Auswahl an Zutaten für diese einfache Sushi-Variante vorbereitet auf Platten anrichten und es den Gästen überlassen, sich die Tüten nach eigenem Gusto zu drehen.

Nigiri-zushi

奈基壽司

Wasabi-Paste
japanischer Reisessig
etwas unbehandelte Zitronenschale
250 g Fischfilet nach Wahl
Sushi-Reis

Etwas Wasabi in ein Schälchen füllen. Eine Schale mit Wasser bereitstellen, das mit Essig und Zitronenschale versetzt ist. Ein sehr scharfes Messer in das Wasser tauchen und so mit dem Griff auf die Arbeitsfläche stoßen, dass sich die Wassertropfen gleichmäßig über die ganze Klinge verteilen (dies erleichtert einen sauberen Schnitt).
Fisch zu einem möglichst exakten Rechteck von ca. 5 mal 6 Zentimetern schneiden, die Abschnitte anderweitig verwenden. Von der Schmalseite her das Filet schräg in möglichst feine Scheiben schneiden. Das Messer vor jedem Schnitt wie oben beschrieben vorbereiten.
Zum Formen der Sushi die Hände in lauwarmes Wasser tauchen. Ca. 1 Esslöffel Sushi-Reis in der rechten, 1 Scheibe Fisch in der linken Hand halten. Den Zeigefinger der Reishand in den Wasabi tauchen und den Fisch damit bestreichen. Den Reis auf die Fischscheibe legen und mit dem rechten Zeigefinger andrücken. Sushi mit den Fingern der linken Hand zusammendrücken und beide Enden leicht abrunden. Finger dabei wiederholt in das lauwarme Wasser tauchen. Das Sushi mit dem Fisch nach oben auf einer Platte anrichten. Mit den übrigen Zutaten ebenso verfahren.

Tipps: Japaner verwenden für Sushi nur Meeresfisch. Entscheiden Sie selbst, ob Sie es ebenso halten wollen. Denn theoretisch kann man sie mit Fisch und Meeresfrüchten aller Art zubereiten: neben Lachs, Heilbutt, Thun-, Tintenfisch, Hummerkrabben, Abalone z.B. auch mit geräucherter Forelle. (Ansonsten siehe Variationstipps zu den Nori-Tüten). Will man Nigiri-zushi zusätzlichen Halt und Reiz verleihen, kann man Nori-Blätter in 1–2 Zentimeter breite Streifen schneiden und wie eine Zigarrenbinde um die Mitte der Sushi wickeln. Dies empfiehlt sich besonders dann, wenn man die weniger anschmiegsamen Meeresfrüchte verwendet.

Maki-zushi

麥喀壽司

1 Nori-Blatt pro Sushi-Rolle
1 Grundrezept Sushi-Reis
Wasabi-Paste
frisches Lachsfilet
Avocado
Saft von 1 unbehandelten Zitrone
Brunnenkresse
japanischer Reisessig
unbehandelte Zitronenschale

Eine Bambusmatte quer auf die Arbeitsfläche legen und 1 Nori-Blatt mit der glänzenden Seite nach unten darauf ausbreiten. Darauf gleichmäßig etwa 1 Zentimeter dick den Sushi-Reis verteilen, dabei oben und unten einen Streifen frei lassen. Etwa in der Mitte der Reisfläche mit einem Essstäbchen parallel zur Längsseite eine Vertiefung drücken und ein wenig Wasabi hineinstreichen.

Das Lachsfilet in Streifen von der Dicke eines Essstäbchens und der Länge des Nori-Blattes schneiden. Die Avocado rund um den Kern mit einem Messer einschneiden. Hälften gegeneinander drehen und den Stein vorsichtig aus der einen, dann aus der anderen herauslösen. Die Avocadohälften schälen, in Streifen von derselben Größe wie die Lachsstreifen schneiden und gegen Verfärbung mit Zitronensaft beträufeln. Brunnenkresse waschen und trockenschleudern. Etwas Lachs, Avocado und Kresse längs in die Mitte der Reisfäche legen.

Das Nori-Blatt mit Hilfe der Bambusmatte vorsichtig und gleichmäßig bis zum oberen Rand aufrollen. Zum Schluss den Reis mit der Kante der Bambusmatte in die Rolle drücken und weiterrollen, so dass sich der obere Rand des Nori-Blattes mit dem Reis verklebt; seitlich herausquellende Reiskörner fest in die Rolle drücken.

Eine Schale mit Wasser bereitstellen, das mit Essig und Zitronenschale versetzt ist. Ein sehr scharfes Messer hineintauchen und so mit dem Griff auf die Arbeitsplatte stoßen, dass sich die Wassertropfen gleichmäßig über die ganze Klinge verteilen (dies erleichtert einen sauberen Schnitt). Die Sushi-Rolle an beiden Enden mit dem Messer begradigen und sie in 6 bzw. 8 gleiche Teile schneiden. Das Messer vor jedem Schnitt wie beschrieben vorbereiten.

Zu den Sushi passen am besten japanische oder koreanische Sojasauce.

Tipp: Die Maki-zushi lassen sich mit vielerlei in Streifen von der Dicke eines Essstäbchens und (möglichst) der Länge des Nori-Blattes geschnittenen Zutaten vorbereiten: z.B. mit Möhren, entkernter Salatgurke, Frühlingszwiebeln, geräuchertem Lachsfilet oder frischem Thunfischfilet.

California rolls

加州壽司

Zwiebelgrün
Salatgurke
Lachsfilet
1 Nori-Blatt pro Rolle
1 Grundrezept Sushi-Reis
Wasabi-Paste
Sesam

Geputzes Zwiebelgrün, geschälte und entkernte Gurke sowie Lachsfilet in Streifen von der Dicke eines Essstäbchens und (möglichst) der Länge eines Nori-Blattes schneiden. Eine Bambusmatte quer auf die Arbeitsfläche legen und ein Nori-Blatt ausnahmsweise mit der matten Seite nach unten darauf legen. Den Sushi-Reis etwa 1 Zentimeter dick auf dem Blatt verteilen, mit einem Stück Klarsichtfolie, das etwas größer ist als das Nori-Blatt, abdecken und leicht andrücken. Erst eine zweite Bastmatte, dann ein leichtes Holzbrettchen darauf legen. Nun das Ganze auf der Arbeitsfläche wenden und das Brettchen vorsichtig von unten wegziehen. Nun liegt die zweite Bastmatte direkt auf der Arbeitsfläche, darauf die Folie, der Reis, das Nori-Blatt und die erste Bastmatte. Diese Matte entfernen und das Nori-Blatt mit etwas Wasabi bestreichen. Darüber im vorderen Drittel des Blattes längs die Zwiebelgrün-, Gurken- und Lachsstreifen legen. Die Bastmatte mit der Folie vorsichtig anheben und darin alles behutsam aufwickeln. Die Rolle mit Hilfe der Bastmatte rechteckig formen. Vorsichtig erst die Matte, dann die Folie entfernen. Die Reisoberfläche mit Sesam bestreuen und die Rolle mit einem scharfen Messer in 8 gleich große Stücke teilen.

Tipp: Man kann statt Lachs auch Krebsfleisch (aus der Dose) oder gekochte Garnelen verwenden, die vorher mit etwas Zitronensaft, Pfeffer und Mayonnaise vermischt wurden.

Spieße der Essklasse

Im gesamten südostasiatischen Raum liebt man über Holzkohle gegrillte Spieße. Sie werden Saté, Satay oder Sateh genannt und meist aus Schweine- oder Hühnerfleisch, Fisch oder Meeresfrüchten zubereitet. Als Spieße werden dort üblicherweise Bambusstäbchen eingesetzt, weil sie preiswert sind. Bei uns bieten sich aus demselben Grund Schaschlikspieße an. Holzspieße auf dem Grill? Damit sie nicht verbrennen, sollten sie vor der Verwendung 30–40 Minuten in Wasser eingelegt werden. Und sind sie besonders dünn, empfiehlt es sich, die herausstehenden Enden noch zusätzlich mit Alufolie zu umwickeln. Bei Satés von Geflügel, Fisch oder Meeresfrüchten kann man auch den unteren, leicht angespitzten Teil eines Zitronengrasstängels als Spieß verwenden, denn er gibt während des Grillvorgangs sein zitronenartiges Aroma an das Gargut ab und verleiht ihm eine exotisch frische Note.

Marinierte Hähnchen-Satés

沙茶雞串

1 Stängel Zitronengras
2 kleine Zwiebeln
2 cm Ingwerwurzel
3 rote Chilischoten
1 Bund Koriandergrün
1/4 l Kokosmilch
2 EL süße Sojasauce
1 EL Austernsauce
2 EL Honig
etwas abgeriebene Zitronenschale
500 g Hähnchenbrustfilet
200 g fetter Speck
Schaschlikspieße
Erdnussöl zum Braten

Das Zitronengras von den harten äußeren Blättern und vom Wurzelansatz befreien, Zwiebeln und Ingwerwurzel schälen, alles grob klein schneiden. Die Chilischoten halbieren und entkernen. Koriandergrün abbrausen, trockenschleudern und die Blättchen abzupfen.
Zitronengras, Zwiebeln, Ingwer, Chilischoten und Koriander mit Kokosmilch, Saucen, Honig und Zitronenschale im Mixer fein pürieren. Das Hähnchenfleisch quer zur Faser in 1–1 1/2 Zentimeter breite Streifen schneiden und in der Mischung mindestens 2 Stunden zugedeckt ziehen lassen, herausnehmen und abtropfen lassen.
Den Speck in möglichst dünne Scheiben schneiden. Jeden Hähnchenstreifen fest in einen Speckstreifen wickeln. Jeweils 3 davon auf einen Schaschlikspieß stecken. Die Spieße nochmals unter gelegentlichem Wenden mindestens 30 Minuten zugedeckt in der Marinade ziehen lassen, herausnehmen und abtropfen lassen. Das Erdnussöl in einer Pfanne erhitzen und die Spieße darin 1–2 Minuten braten.

Tipp: Lässt man den Speck kurz im Gefrierfach anfrieren, kann man ihn leichter in dünne Scheiben schneiden.

Hähnchenschenkel am Spieß

沙茶雞串

6 Frühlingszwiebeln
1 Knoblauchzehe
2 cm Ingwerwurzel
1 rote Chilischote
1 kleine Dose Ananasstücke
150 ml Reiswein
(ersatzweise Sherry)
200 ml helle Sojasauce
2 EL brauner Zucker
4–6 Hähnchenschenkel
Schaschlikspieße
Erdnussöl zum Bepinseln

Die Frühlingszwiebeln putzen und in 3 Zentimeter lange Stücke schneiden. Den Knoblauch schälen. Ingwer schälen und je nach Größe halbieren oder dritteln. Die Chilischote halbieren und entkernen. Die Ananas auf einem Sieb abtropfen lassen. 150 Milliliter von dem Saft auffangen und beiseite stellen. Frühlingszwiebeln, Knoblauch, Ingwer und Chilischoten in einen Topf geben. Reiswein, Sojasauce, Ananassaft sowie Zucker vermischen, dazugeben und alles sämig einkochen. Abkühlen lassen.
Die Hähnchenschenkel von der Haut befreien. Das Fleisch in möglichst großen Stücken von den Knochen lösen und in mundgerechte Stücke zerteilen. In der reduzierten Marinade 1 Stunde zugedeckt ziehen lassen. Herausnehmen und abtropfen lassen.
Aus der Marinade Knoblauch-, Ingwer- und Chilistücke entfernen. Die Fleischstücke abwechselnd mit Ananas- und Frühlingszwiebelstücken auf die Spieße stecken.
Ein Backblech mit Alufolie auslegen und mit Erdnussöl bepinseln. Spieße darauf verteilen und mit der Marinade einstreichen. 4 Minuten im auf 180 °C vorgeheizten Backofen backen.

Hähnchenspieße mit Saté-Nuss-Sauce

節節雞陞

500 g Hähnchenbrustfilet
1 rote Chilischote
1 cm Ingwerwurzel
1 Knoblauchzehe
1 Prise Zucker
1 TL Currypulver
2 EL süße Sojasauce
1 EL Reiswein
(ersatzweise Sherry)
3 EL Sesamöl
50 g ungesalzene Erdnüsse
50 g Haselnüsse
2 EL Honig
200 ml Hühnerbrühe
2–3 EL süßer Portwein
Schaschlikspieße

Hähnchenfleisch quer zur Faser in feine Streifen schneiden. Chilischote halbieren und entkernen, Ingwer sowie Knoblauch schälen und klein schneiden. Chilischote, Ingwer und Knoblauch mit Zucker, Curry, Sojasauce, Reiswein und 2 Esslöffeln Sesamöl im Mixer pürieren. Das Fleisch in der Mischung mindestens 12 Stunden zugedeckt marinieren.
Die Nüsse in einer Pfanne ohne Zugabe von Fett anrösten, damit sich die Haut leichter zwischen zwei Geschirrtüchern abrubbeln lässt. Die von der Haut befreiten Nüsse zusammen mit dem Honig zurück in die Pfanne geben und diesen bei geringer Temperatur flüssig werden lassen. Hühnerbrühe sowie Portwein angießen und bei starker Hitze auf die Hälfte reduzieren, abkühlen lassen. Mit dem restlichen Sesamöl zu einer glatten Sauce pürieren.
Das Fleisch aus der Marinade nehmen und ziehharmonikaartig auf die Schaschlikspieße stecken. Kurz auf dem Holzkohle- oder Elektrogrill garen (Bissprobe machen!) und die Sauce dazu servieren.

Hähnchenspieße „Kanton“

廣式雞串

5 Hähnchenbrustfilets
2 Knoblauchzehen
4 EL süße Sojasauce
1 Tüte Red pork marinade
1 EL Erdnussöl
4 EL brauner Zucker
200 ml Reiswein
(ersatzweise Sherry)
4–5 Kugeln
eingelegter Ingwer
2 EL Honig
2 EL Black bean sauce
1 TL Salz
1 TL frisch gemahlener
schwarzer Pfeffer
1 EL Speisestärke
Schaschlikspieße

Die Hähnchenbrustfilets mit fein gehacktem Knoblauch, 1 Esslöffel Sojasauce, der Hälfte der Red pork marinade und dem Erdnussöl gut vermischen. Mindestens 2 Stunden, am besten über Nacht zugedeckt marinieren.
Zucker in einem Topf oder einer Pfanne karamellisieren, mit dem Reiswein und 200 Millilitern Wasser ablöschen. Köcheln, bis sich der Zucker aufgelöst hat. Ingwerkugeln pürieren, mit restlicher Sojasauce, Honig, Black bean sauce, Salz, Pfeffer und übriger Red pork marinade untermischen. Unter ständigem Rühren reduzieren. Die Speisestärke mit 2 Esslöffeln Sauce anrühren und die übrige Sauce damit binden. Sofort vom Herd nehmen und etwas abkühlen lassen.
Das Fleisch in 1 1/2–2 Zentimeter große Würfel schneiden, auf Spieße stecken und diese dicht nebeneinander auf ein Blech mit hochgezogenem Rand legen.
Die Marinade darüber gießen und die Spieße zugedeckt 30 Minuten ziehen lassen. Umdrehen und weitere 30 Minuten marinieren. Herausnehmen und abtropfen lassen. Im auf 110 °C vorgeheizten Backofen 30–40 Minuten backen.

Fleischspieße Singapur

泰式肉串

375 g Bio-Schweinefilet
375 g Putenbrust
9–10 Stängel Zitronengras
2 Knoblauchzehen
5 Frühlingszwiebeln
3 EL süße Sojasauce
2 EL Sesamöl
2 EL Erdnussöl
1 EL Curry
1 Prise Zimt
1 TL Salz
1 EL gehacktes Koriandergrün
1 EL Honig

Das Schweine- und das Putenfleisch in 1 1/2–2 Zentimeter große Würfel schneiden. Die Zitronengrasstängel von den äußeren harten Blättern und vom Wurzelansatz befreien. Einen Stängel fein würfeln, die übrigen ganz belassen und am oberen festen Ende mit einem scharfen Messer schräg abschneiden. Den Knoblauch schälen und fein würfeln. Frühlingszwiebeln putzen und in feine Scheiben schneiden. Klein geschnittenes Zitronengras, Knoblauch und Frühlingszwiebeln mit Sojasauce, den beiden Ölsorten, Gewürzen, Koriander sowie Honig mischen. Die Fleischwürfel in der Marinade zugedeckt mindestens 3 Stunden ziehen lassen.

Ca. 6 Fleischwürfel auf jeden angespitzten Zitronengrasstängel spießen und entweder auf dem Grill oder im Backofen bei eingeschaltetem Grill 5–6 Minuten garen.

Marinierte Rindfleischspieße

牛肉串

800 g Bio-Rumpsteak
1 EL Limettensaft
2 EL Hoisin-Sauce
1 EL Black bean sauce
Lorbeerzweige
2 EL Erdnussöl

Das Fleisch in ca. 2 Zentimeter große Würfel schneiden und mit Limettensaft beträufeln. Hoisin-Sauce und Black bean sauce mischen. Das Fleisch damit beträufeln und 1–2 Stunden zugedeckt marinieren.

Die Lorbeerzweige von den Blättern befreien, nur 1–2 an der Spitze belassen. Fleischwürfel mit einer Stricknadel durchbohren und jeweils 3 davon auf einen Lorbeerzweig spießen. Das Erdnussöl in einer Pfanne erhitzen und die Spieße darin 3 Minuten rundherum anbraten.

Saté-Spieße von Garnelenröllchen

串蝦卷

600 g Garnelen
3 Frühlingszwiebeln
1 rote Chilischote
2 Knoblauchzehen
1 EL Austernsauce
1 EL Kokoscreme
1 TL brauner Zucker
1 1/2 EL Speisestärke
1 Eiweiß
1 TL Salz
18–20 Stängel Zitronengras

Die Garnelen schälen, vom Darm befreien und das Fleisch grob hacken. Die Frühlingszwiebeln putzen, die Chilischote halbieren und entkernen, den Knoblauch schälen. Alles in grobe Stücke schneiden. Mit Austernsauce, Kokoscreme, Zucker, Stärke, Eiweiß sowie Salz vermischen und mindestens 30 Minuten zugedeckt in den Kühlschrank stellen. Vom Zitronengras die äußeren harten Blätter und den Wurzelansatz entfernen. Die gekühlten Zutaten im Mixer zu einer homogenen Masse pürieren. In 18–20 gleich große Portionen teilen und diese mit angefeuchteten Händen um je 1 Zitronengrasstängel herum zu einer gleichmäßigen Rolle formen; dabei sollte der Stängel an beiden Seiten jeweils ein Stück herausragen. Die Spieße 1–2 Stunden zugedeckt kühl stellen. Anschließend auf dem Grill oder im Backofen bei eingeschaltetem Grill nach Sicht goldbraun grillen.

Saté-Spieße von Garnelen

沙茶大蝦

24 große rohe Garnelen
(Black Tiger prawns)
1 Bund Minze
5–6 Limettenblätter
1 rote Chilischote
1 Knoblauchzehe
4 EL Zitronensaft
3 EL Erdnussöl
8 Stängel Zitronengras
frisch gemahlener Pfeffer
Salz

Die Garnelen von Schale und Darm befreien. Minze- und Limettenblätter abbrausen, trockenschleudern. Die Blätter abzupfen und zusammen mit der entkernten Chilischote in sehr feine Streifen schneiden. Den Knoblauch schälen und sehr fein hacken. Den Zitronensaft mit 1 Esslöffel Erdnussöl, Minze- und Limettenblättern, Chilischote sowie Knoblauch mischen. Die Garnelen damit einreiben und über Nacht zugedeckt ziehen lassen.
Die Zitronengrasstängel von den äußeren harten Blättern sowie vom Wurzelansatz befreien und sie am festen oberen Ende mit einem scharfen Messer schräg abschneiden.
Je 3 trockengetupfte Garnelen auf 1 Stängel Zitronengras spießen. Das restliche Öl in einer Pfanne erhitzen und die Spieße darin je nach Größe der Garnelen 3–5 Minuten braten, währenddessen einmal wenden. Zum Schluss mit Pfeffer und Salz würzen.

Garnelenspieße auf Zitronengras

檸檬蝦串

24 große rohe Garnelen
(Black Tiger prawns)
1 rote Chilischote
2 EL Limettensaft
1 EL Sesamöl
24 Scheiben
geräucherter Schinken
8 Stängel Zitronengras
2 EL Erdnussöl

Die Garnelen von Schale und Darm befreien. Die Chilischote halbieren, entkernen und sehr fein hacken. Mit Limettensaft sowie Sesamöl mischen. Die Garnelen 30 Minuten zugedeckt darin marinieren.

Die Garnelen herausnehmen und jeweils mit einer Scheibe Schinken umwickeln. Die Zitronengrasstängel von den äußeren harten Blättern sowie vom Wurzelansatz befreien und an beiden Seiten schräg anschneiden.

Jeweils 3 Garnelen auf einen Stängel spießen. Erdnussöl in einer Pfanne erhitzen und die Spieße von beiden Seiten je 2 Minuten anbraten.

Lachsspieße

斑鱒魚串

1 Lachsfilet
7 EL Reiswein
(ersatzweise Sherry)
6 EL Sojasauce
2 EL Zucker
Zahnstocher

Den zum Schwanzende hin dünner werdenden Teil des Lachsfilets abschneiden und anderweitig verwenden. Das übrige Filet 2 1/2 Zentimeter groß würfeln.
Alle übrigen Zutaten sirupartig einkochen und danach abkühlen lassen. Den Lachs darin mindestens 30 Minuten zugedeckt marinieren.
Jeweils 2 Lachswürfel auf zwei eng nebeneinander liegende Zahnstocher stecken (sonst besteht während des Garens die Gefahr, dass sie abfallen) und im Backofen auf beiden Seiten 2 Minuten grillen.

Thailändische Fischspieße

泰式串

500 g Heilbutt
1,5 cm Galgantwurzel
2 Knoblauchzehen
2 kleine Zwiebeln
1 rote Chilischote
1 Stängel Zitronengras
2 Stängel Koriandergrün
1 EL Kokosmark
Saft von 1/2 Zitrone
Salz
Schaschlikspieße

Den Fisch in 2 Zentimeter große Würfel schneiden. Galgant, Knoblauch sowie Zwiebeln schälen, Chilischote halbieren und entkernen, alles grob zerkleinern. Das Zitronengras von den äußeren harten Blättern sowie vom Wurzelansatz befreien und grob hacken. Koriander abbrausen, trockenschleudern und die Blättchen abzupfen.

Die zerkleinerten Zutaten mit Kokosmark, 1/8 Liter heißem Wasser, Zitronensaft und Salz im Mixer fein pürieren. Den Fisch in der Mischung 1–2 Stunden zugedeckt kalt stellen. 30 Minuten vor der Weiterverarbeitung aus dem Kühlschrank nehmen. Dann die Fischwürfel aus der Marinade heben und abtropfen lassen.

Jeweils 3–4 Würfel auf einen Schaschlikspieß stecken. Die Spieße auf einem Holzkohle- oder Elektrogrill von beiden Seiten jeweils 2 Minuten grillen.

Highlights

Unter dieser Überschrift ist Fingerfood zusammengefasst, das bei Menüs oder Buffets Highlights setzen kann. Gemüsesorten wie Gurken oder Zucchini lassen sich mit pikanten Füllungen versehen und attraktiv auf Platten anrichten. Hähnchenschenkel können Sie mit Papiermanschetten zugleich „griffiger“ und dekorativer machen. Und auch alle übrigen Happen und Häppchen lassen sich einfach von der Hand in den Mund genießen. Warum soll man es den großen Fastfood-Ketten überlassen, dem wunderbar kindlichen Wunsch Raum zu geben, einfach mit den Fingern zu essen?

Gefüllte Gurken mit Thai-Salat vom Schweinefilet

釀黄瓜

- 1 Knoblauchzehe
- 1 EL Red pork marinade
- 1/2 TL grob gemahlener Pfeffer
- 1 TL Zitronensaft
- 1 EL Sesamöl
- 1 EL süße Sojasauce
- 300 g Bio-Schweinefilet
- ca. 1 EL Erdnussöl
- 1 grüne Chilischote
- 1 Stängel Zitronengras
- 1 EL Korianderblätter
- 2-3 kleine Chinakohlblätter
- 1 EL Zitronensaft
- 1 EL helle Sojasauce
- 5-6 kleine Gärtnergurken

Die Knoblauchzehe schälen und fein hacken. Mit Red pork marinade, Pfeffer, Zitronensaft, Sesamöl und süßer Sojasauce mischen. Das Schweinefilet damit einreiben und mindestens 3-4 Stunden zugedeckt ziehen lassen.
Danach das Fleisch in möglichst wenig Öl 8-9 Minuten braten, abkühlen lassen und in feine Streifen schneiden.
Die Chilischote halbieren und entkernen, das Zitronengras von äußeren harten Blättern befreien. Beides so fein wie möglich würfeln. Die Koriander- und die Chinakohlblätter in feine Streifen schneiden.
Zitronensaft und helle Sojasauce gut mit Chilischote, Zitronengras, Koriander und Chinakohl vermengen, die abgetropften Filetstreifen untermischen.
Gurken in 3-4 Zentimeter dicke Scheiben schneiden und mit einem Kugelausstecher höchsten 2 Zentimeter tief aushöhlen, dabei 1/2 Zentimeter breiten Rand stehen lassen.
Die Gurkenhappen leicht gehäuft mit dem Salat füllen.

Chinesisches Knusperhähnchen

中國炸雞

50 g Ingwerwurzel
Entengewürz
1 EL Salz
1 TL frisch gemahlener weißer Pfeffer
200 g Zucker
1/2 l süße Sojasauce
400 ml Reiswein (ersatzweise Sherry)
8 Hähnchenschenkel
Honig nach Belieben

Den Ingwer schälen und fein reiben. 2 1/2 Liter Wasser in einem Topf mit Ingwer und Entengewürz zum Kochen bringen und mindestens 30 Minuten köchen lassen. Den Ingwer in ein Sieb gießen und den Sud auffangen. Ingwer durch das Sieb zurück in den Topf streichen und mit dem Sud, Salz, Pfeffer, Zucker, Sojasauce und Reiswein erneut zum Kochen bringen.
Die Hähnchenschenkel in diese so genannte Meistersauce einlegen, 15 Minuten bei reduzierter Hitze köcheln, herausnehmen, abtropfen und abkühlen lassen.
Die Hähnchenschenkel von Haut- und Fettresten befreien. Etwas Meistersauce mit Honig vermischen und die Schenkel damit einpinseln. Auf ein Blech legen und in den auf 200 °C vorgeheizten Backofen schieben. Nach 4–5 Minuten die Temperatur auf 80 °C herunterschalten und die Schenkel weitere 4–5 Minuten garen. Das Fleisch danach noch einige Minuten im Ofen ziehen lassen. Herausnehmen und von der Hand in den Mund genießen.

Tipp: Das Tolle an der Meistersauce: Sie ist wieder verwendbar. Man kann sie nach Gebrauch durch ein Sieb streichen, im Kühlschrank aufbewahren und bei Bedarf auch andere Fleischsorten darin kochen. Sie wird dadurch von Mal zu Mal aromatischer.

Tipp: Anstelle der ganzen Hähnchenschenkel können Sie auch 16–20 Unterschenkel verwenden. In diesem Fall wird die Temperatur des Backofens sofort heruntergeschaltet und die Garzeit auf insgesamt 6–8 Minuten reduziert.

Ingwerhähnchen aus Laos

薑茸雞

- 4 Zwiebeln
- 5 cm Ingwerwurzel
- 3 Knoblauchzehen
- 2 rote Chilischoten
- 5 Stängel Koriandergrün
- 7 Stängel glatte Petersilie
- 3 EL Erdnussöl
- 6–8 Hähnchenschenkel
- 2 EL Austernsauce
- 1/4 l Kokosmilch

Die Zwiebeln schälen und in feine Längsstreifen schneiden. Ingwer sowie Knoblauch schälen und sehr fein hacken. Die Chilischoten halbieren, entkernen und in sehr feine Streifen schneiden. Koriander und Petersilie abbrausen und trockenschleudern, die Blättchen abzupfen und ebenfalls in feine Streifen schneiden.
Das Erdnussöl im Wok erhitzen, Zwiebeln, Ingwer und Knoblauch darin pfannenrühren, bis sie goldbraun sind, herausnehmen.
In dem verbliebenen Öl die Hähnchenschenkel rundherum hellbraun anbraten. Pfannengerührte Gemüsemischung, Chilistreifen und Austernsauce zugeben, die Kokosmilch angießen. Kurz aufkochen und sofort die Hitze reduzieren. Die Kräuter einstreuen und alles 15–20 Minuten köcheln lassen (den Wok nicht zudecken, da die Kokosmilch sonst leicht gerinnt).

Tipp: Aus der Hand schmecken die Hähnchenschenkel am besten. Also: Servietten bereithalten.

Pfannkuchen mit Gemüse und Hähnchenfleisch

蝦肉餛飩燒賣

Für den Teig:
90 g Weizenmehl
50 g Speisestärke
2 Eier
60 ml Milch
1 EL Zucker
Pflanzenöl zum Ausbacken
Für die Füllung:
12 Frühlingszwiebeln
2 Möhren
300 g Hähnchenfilet
150 ml Hoisin-Sauce
1 EL Reiswein
(ersatzweise Sherry)
Schnittlauch

Für den Teig Mehl und Stärke in eine Schüssel sieben. In einer zweiten Schüssel Eier, Milch, 180 Milliliter Wasser und Zucker mischen. Nach und nach in die Mehl-Stärke-Mischung einrühren, bis ein glatter Teig entstanden ist. Das Öl in einer Pfanne erhitzen und 2 Esslöffel Teig hineingeben. Die Pfanne schwenken, um den Teig zu verteilen. In ca. 2 Minuten goldbraun backen, wenden und noch einmal 1/2 Minute backen, herausnehmen und warm halten. Bei den übrigen Pfannkuchen ebenso verfahren.

Für die Füllung Frühlingszwiebeln putzen und am oberen und unteren Ende mit einem scharfen Messer 3 Zentimeter längs fransig einschneiden. In einer Schüssel mit kaltem Wasser 1/4 Stunde zugedeckt in den Kühlschrank stellen, damit sich die Fransen kräuseln. Möhren putzen und in feine Stifte schneiden. Das Hähnchenfleisch in feine Streifen schneiden. Hoisin-Sauce und Reiswein in einem Schüsselchen vermischen.

Pfannkuchen einzeln auf die Arbeitsfläche legen, mittig 1 Frühlingszwiebel, einige Möhrenstifte und Fleischstreifen längs auflegen und mit 1 Teelöffel Hoisin-Saucen-Reiswein-Gemisch beträufeln. Vorsichtig einrollen. Schnittlauch in lauwarmes Wasser tauchen und jedes Pfannkuchenröllchen mit einem Halm zusammenbinden, falls nötig die Enden etwas kürzen.

Schweinerippchen in Tempurateig

炸排骨

1 1/2 kg Bio-Schweinerippchen
Saft von 1/2 Limette
2 EL süße Sojasauce
1 EL brauner Zucker
60 g Maisstärke
260–360 g Weizenmehl
1 1/2 TL Backpulver
3 1/2 EL Erdnussöl
1/4 l Eiswasser
Erdnussöl zum Frittieren
Meersalz zum Bestreuen
Sweet and sour dip
(Rezept S. 112)

Die Rippchen vom Metzger in 5 Zentimeter lange Streifen sägen und so nah wie möglich an jedem zweiten Knochen auseinander schneiden lassen.

Limettensaft, Sojasauce und Zucker mischen, die Rippchen damit beträufeln und 1 Stunde zugedeckt ziehen lassen, herausnehmen und abtropfen lassen.

Für den Teig Maisstärke, 60 Gramm Weizenmehl, Backpulver und Erdnussöl gut vermischen. Direkt vor der Verwendung das Eiswasser einrühren (kleine Klümpchen sind normal!). Das restliche Mehl in einen Teller geben und die Rippchen darin wenden. Überschüssiges Mehl abklopfen und das Fleisch in den Tempurateig tauchen.

Das Erdnussöl im Wok erhitzen und die Schweinerippchen portionsweise darin frittieren. Bei 130 °C im Ofen ziehen lassen bzw. warm halten, bis alle fertig sind. Mit Meersalz bestreuen und mit Sweet and sour dip servieren.

Garnelen-Pfannküchlein aus Thailand

泰式煎蝦餅

3 cm Galgantwurzel
2 Knoblauchzehen
2 rote Chilischoten
4 Frühlingszwiebeln
4 Limettenblätter
4–5 Stängel Koriandergrün
300 g Rotbarschfilet
1 1/2 EL Austernsauce
40 g Glasnudeln
250 g Garnelen
3–4 grüne Bohnen
1 Ei
1 Eiweiß
3 EL Erdnussöl
Sweet chilli sauce
(fertig oder Rezept S. 112)
Frühlingszwiebelgrün
in Ringen

Die Galgantwurzel sowie den Knoblauch schälen und grob würfeln. Chilischoten halbieren und entkernen, Frühlingszwiebeln putzen und in grobe Stücke schneiden. Limettenblätter ebenfalls grob zerkleinern. Den Koriander abbrausen, trockenschleudern und die Blättchen abzupfen. Das Fischfilet in Würfel schneiden. Galgant, Knoblauch, Chilischoten, Frühlingszwiebeln und Limettenblätter mit Koriander und Austernsauce im Mixer pürieren. Die Fischwürfel zugeben und mixen, bis eine homogene Masse entstanden ist.

Die Glasnudeln 15 Minuten in heißem Wasser einweichen, abspülen, abtropfen lassen und mit der Küchenschere in Stücke von 2–3 Zentimetern Länge schneiden.

Die Garnelen schälen und vom Darm befreien. Die Bohnen putzen und in feine Scheiben schneiden. Beides unter die Fischmasse heben. Ei sowie Eiweiß verquirlen und mit den Glasnudeln im Uhrzeigersinn in die Masse einrühren, zugedeckt kühl stellen.

Jeweils 1 Esslöffel davon abstechen und mit der Hand zu einem kleinen, flachen Pfannkuchen formen. Das Erdnussöl in einer Pfanne erhitzen und die Küchlein goldbraun darin braten. Mit Sweet chilli sauce und Zwiebelringen servieren.

Gedämpfte Zucchini mit Garnelenfüllung

蒸節瓜蝦肉

6 dünne, feste Zucchini
150 g Garnelen
2 Knoblauchzehen
1 rote Chilischote
3 Limettenblätter
5 Frühlingszwiebeln
1–2 Stängel Koriandergrün
100 g Bio-Schweinemett
2 EL Kokoscreme
1 Ei
2 TL Sojasauce
1 TL süße Sojasauce
frisch gemahlener Pfeffer
Salz
1/2 TL Zucker

Die Zucchini in ca. 3 Zentimeter dicke Scheiben schneiden und 2 Zentimeter tief mit einem Kugelausstecher aushöhlen, dabei 1/2 Zentimeter breiten Rand stehen lassen.
Die Garnelen schälen, vom Darm befreien und fein hacken.
Die Knoblauchzehen schälen, die Chilischote halbieren und entkernen. Beides so fein wie möglich würfeln. Limettenblätter und geputzte Frühlingszwiebeln fein hacken. Den Koriander abbrausen und die Blättchen abzupfen. Alles gut mit Schweinefleisch, Kokoscreme, Ei, Sojasaucen, Pfeffer, Salz und Zucker vermischen.
Die Garnelenmasse mit Hilfe eines Spritzbeutels in die Zucchini füllen und etwas festdrücken. Jeweils mit einem Korianderblatt garnieren.
Den Wok zu 1/3 mit Wasser füllen und es zum Kochen bringen. Die Zucchinischeiben in einen Dampfkorb setzen. Den Dampfkorb mit dem Deckel verschließen und in den Wok stellen. Die Zucchini darin 10–12 Minuten dämpfen.

Gehacktes von Garnelen auf Toast

蝦仁土司

170 g Garnelen
1 grüne Chilischote
1 TL Speisestärke
1 TL Reiswein
(ersatzweise Sherry)
Salz
1 Eiweiß
1 Prise Zucker
4 Scheiben Toastbrot
1 Salatgurke
1 Möhre
Öl zum Frittieren

Die Garnelen schälen und vom Darm befreien, die Chilischote halbieren und entkernen, beides sehr fein hacken. Die Speisestärke mit 1 Teelöffel Wasser, Reiswein sowie Salz anrühren und mit der Chilischote unter das Garnelengehackte mischen. Das Eiweiß und den Zucker im Uhrzeigersinn einrühren.

Die Masse auf den Toastbrotscheiben verstreichen und diese in 9 gleich große Quadrate schneiden. Gurke und Möhre mit dem Sparschäler schälen. Die Gurkenschale in schmale Längsstreifen schneiden, die Gurke anderweitig verwenden. Die Möhre ebenfalls mit dem Sparschäler längs in dünne Scheiben schneiden. Gurkenschalen- und Möhrenstreifen abwechselnd diagonal auf die Garnelenhäppchen legen und etwas festdrücken.

Das Öl in einem Wok erhitzen und die Häppchen zunächst auf der Brotseite 50–60 Sekunden schwimmend frittieren. Herausnehmen und mit Küchenpapier abtupfen. Danach die Happen auf der anderen Seite goldgelb frittieren. Auf Küchenpapier abtropfen lassen und auf vorgewärmten Tellern servieren.

Auf Teeblättern geräucherte Barbarie-Entenbrust

明爐燒鴨

- 2 rote Chilischoten
- 3 EL Erdnussöl
- 1 EL helle Sojasauce
- 3 TL Fünf-Gewürze-Pulver
- 3 große Barbarie-Entenbrüste
- 8–9 Teeblätter (Orange Pekoe oder grüner Tee)
- 2 EL Mehl
- 2 EL brauner Zucker
- abgeriebene Schale von 1/2 unbehandelten Orange
- abgeriebene Schale von 1/2 unbehandelten Mandarine
- 2–3 EL Entengewürz
- Öl zum Einfetten
- Frühlingszwiebelgrün in Ringen
- Pflaumensauce (Rezept S. 114)

Eine Dunstabzugshaube ist für die Zubereitung der geräucherten Entenbrüste schon sehr hilfreich. Aber was ist schon ein bisschen Rauch gegen diesen Essgenuss am Ende!

Mindestens 3 Tage vor dem Verzehr der Entenbrüste die Chilischoten halbieren, entkernen, grob zerkleinern und in das Öl einlegen. Zugedeckt 2–3 Tage ziehen lassen, dann durch ein feines Sieb seihen.

Das Chiliöl mit Sojasauce und Fünf-Gewürze-Pulver vermischen und die Entenbrüste damit einreiben. In Klarsichtfolie wickeln und mindestens 1 Tag im Kühlschrank ziehen lassen.

Am Tag der Verwendung die Teeblätter mit Mehl, Zucker, Zitrusschalen und Entengewürz mischen. Den Wok so mit starker Alufolie auskleiden, dass sie einige Zentimeter über den Rand reicht. Die Mehl-Gewürz-Mischung darauf verteilen. Das Abtropfgitter des Woks darüber legen und mit dem Pinsel leicht einfetten. Die abgetropften Entenbrüste mit der Haut nach oben auf das Gitter legen.

Den Wok mit Alufolie überspannen und zusätzlich fest mit dem Deckel verschließen. Den Wok erhitzen, bis Rauch aufsteigt, von da an die Entenbrüste bei mittlerer Temperatur ca. 15 Minuten räuchern. Herausnehmen, in Streifen schneiden und mit den Frühlingszwiebelringen bestreuen. Pflaumensauce dazu servieren.

Tipp: Wer das Aroma noch verstärken will, kann die Entenbrüste nach dem Räuchern auf der Hautseite kurz in einer beschichteten Pfanne anbraten.

Dips und Saucen

Prinzipiell spricht nichts dagegen, Produkte, die in guter Qualität im Handel sind, fertig zu kaufen. Das gilt auch für Saucen. Hochwertige Sojasauce, vor allem die süße, ist ein Dip, den man einfach nicht besser machen kann. Aber auch Sweet chilli sauce und Plum sauce, die man in jedem Asienladen bekommt, schmecken einfach gut. Und aus Fischsauce kann man mit Chilischoten und Knoblauchzehen, fein gehackt, ebenfalls einen tollen Dip machen. Trotzdem sollen die Zubereitungsvorschläge des folgenden Kapitels Ihre Lust am Experimentieren und Neukombinieren wecken. Jedem Rezept sind zur ersten Orientierung Kombinationsvorschläge beigefügt. Ansonsten ist wie immer erlaubt, was gefällt. Die meisten Dips und Saucen lassen sich übrigens in größeren Mengen zubereiten und im Kühlschrank lagern.

Meistersaucendip

師傅醬汁

Das Entengewürz, das für diesen Dip benötigt wird, ist eine Mischung aus Fenchelsamen, Gewürznelken, Szechuan-Pfeffer, Süßholz, Kardamom, Sternanis, Zimtstange, getrockneter Ingwerwurzel, Tangarinen- und Orangenschale.

50 g Ingwerwurzel
Entengewürz
Salz
1 TL frisch gemahlener weißer Pfeffer
200 g Zucker
1/2 l süße Sojasauce
400 ml Reiswein (ersatzweise Sherry)
3–4 Frühlingszwiebeln
1 rote Paprikaschote
1–2 Ingwerkügelchen (aus dem Glas)

Den Ingwer schälen und fein reiben. 1 1/2 Liter Wasser in einem Topf mit Ingwer und Entengewürz zum Kochen bringen, mindestens 30 Minuten köcheln lassen. Ingwer in ein Sieb gießen und den Sud auffangen. Ingwer durch das Sieb zurück in den Topf streichen und mit Sud, Gewürzen, Sojasauce sowie Reiswein zum Kochen bringen. Ca. 1 Liter der Flüssigkeit auf die gewünschte Konsistenz einkochen lassen (den Rest anderweitig verwenden). Frühlingszwiebeln putzen und in feine Ringe schneiden. Paprika von Stielansatz, Samen sowie Scheidewänden befreien und sehr fein würfeln. Die Sauce samt Ingwerkügelchen im Mixer pürieren, in einer Schüssel mit Frühlingszwiebeln und Paprika mischen.

Tipp: Der Dip passt besonders gut zu frittiertem Fleisch, vor allem zu gebackener Ente oder Hähnchen.

Hoisin-Sauce mit Ingwer

薑京醬汁

3 Scheiben Ingwerwurzel
3 Knoblauchzehen
1 rote Chilischote
3 EL Sojasauce
2 EL Limettensaft
3 EL Reiswein

Ingwer und Knoblauch schälen, Chilischote halbieren und entkernen. Alles sehr fein hacken. Mit Sojasauce, Limettensaft, Reiswein, Honig und Saucen vermischen.

Tipp: Die Sauce passt besonders gut zu Frühlingsrollen, Dim Sums und allem, was in Salatblätter eingewickelt wird.

(ersatzweise Sherry)
2 EL Honig
2 EL Sweet chilli sauce
2 EL Hoisin-Sauce

Tipp: Sie eignet sich auch hervorragend zum Marinieren von Schweinefleisch. Dazu das Fleisch in Streifen schneiden, mit der Sauce bestreichen und mindestens 2 Stunden ziehen lassen.

Doktors Sweet and sour sauce

甜酸醬汁

- 5–6 Mu-Err-Pilze
- 1 Gemüsezwiebel
- 1 rote Paprikaschote
- 4 Frühlingszwiebeln
- 1 kleine Dose Ananas
- 1/2 l Hühnerbrühe
- 1/8 l Sojasauce
- 1/8 l Essig
- 100 g Zucker
- Salz
- 1 TL frisch gemahlener weißer Pfeffer
- 100 g Bambusstreifen
- 2 EL Tomatenketchup
- 2–3 EL Kartoffelstärke

Die Mu-Err-Pilze mit kochendem Wasser übergießen und 30 Minuten einweichen. Sorgfältig waschen, falls nötig von festen Stielen befreien und in Streifen schneiden. Die Zwiebel schälen und fein würfeln. Die Paprika von Stielansatz, Samen sowie Scheidewänden befreien und in Würfel schneiden. Die Frühlingszwiebeln putzen und in feine Ringe schneiden. Die Ananas in einem Sieb abtropfen lassen, dabei den Saft auffangen. Die Fruchtstücke in kleine Würfel schneiden. Hühnerbrühe, Sojasauce, Ananassaft, Essig, Zucker, Salz und Pfeffer in einem Topf mischen und bei mittlerer Hitze aufkochen lassen. Zwiebelwürfel, Pilz- und Bambusstreifen zugeben. Nach 3–4 Minuten den Ketchup und die Ananasstücke einrühren. Die Kartoffelstärke in 3–4 Esslöffeln Wasser anrühren und die Sauce damit binden. Vom Herd nehmen, Paprika und Frühlingszwiebeln einrühren.

Tipp: Passt besonders gut zu frittiertem Fleisch oder Fisch.

Tipp: Schmeckt auch als Dip für in mundgerechte Stücke geschnittene Frühlingszwiebeln.

Sweet and sour dip

甜酸醬

1 cm Ingwerwurzel
1 Knoblauchzehe
1 gelbe Chilischote
1 grüne Chilischote
2 EL Weißweinessig
3 EL Reiswein
(ersatzweise Sherry)
200 ml Tomatensaft
2 EL Tomatenketchup
Salz
2 EL Zucker
2 EL Speisestärke

Die Ingwerwurzel und die Knoblauchzehe schälen, die Chilischoten halbieren und entkernen. Alles fein hacken. Essig, Reiswein und Tomatensaft mit Ketchup, Salz und Zucker in einem Topf erhitzen. Ingwer, Knoblauch sowie Chilischoten einrühren. Einmal kurz aufkochen lassen. Die Speisestärke in 4 Esslöffeln Wasser anrühren und die Sauce damit andicken. Köcheln lassen, bis sie klar ist.

Tipp: Der Dip passt besonders gut zu Frühlingsrollen, Fisch oder ganz einfach zu Reis.

Sweet chilli sauce

泰式蜂蜜汁

Sweet chilli sauce gibt es zwar in guter Qualität zu kaufen. Aber eine selbst gemachte schmeckt selbstverständlich noch besser.

450 g rote Chilischoten
2 Schalotten
2 Knoblauchzehen
1 EL Zucker
1 TL Salz
1 EL Pflanzenöl

In einem Topf die Chilischoten im Ganzen mit etwas Wasser erhitzen und 4 Minuten kochen. Herausnehmen und abtropfen lassen. Die Schalotten und den Knoblauch schälen und fein hacken. Chilischoten, Schalotten und Knoblauch mit Zucker, Salz, Öl und 4 Esslöffeln Wasser auf kleiner Stufe im Mixer zerkleinern.
Die Mischung in einen Stieltopf umfüllen, erhitzen und unter Rühren 2 Minuten köcheln lassen. 600 Milliliter Wasser unterrühren und die Sauce im geschlossenen Topf

45–60 Minuten köcheln. Abkühlen lassen und in ein gut verschließbares Glas umfüllen. Kühl gelagert hält sich die Sauce mindestens 2 Wochen.

Tipp: Die Sauce schmeckt zu fast jedem asiatischen Gericht, vor allem zu Dim Sums, Frühlingsrollen, Fleisch und Fisch.

Heinz' Chilli Sauce

海恩兹醬

2 EL Sesam
2 EL Kartoffelstärke
4 EL Zucker
100 ml japanischer Essig
1 EL Sambal Oelek
2 EL Sojasauce

Mein Freund Heinz Hamacher, Hotelier auf Mallorca, Weinkenner, Fischliebhaber, mit dem ich schon so manches Köchelverzeichnis zusammengestellt habe, hat es schon am eigenen Leib gespürt: Diese Sauce macht regelrecht süchtig. Darum widme ich ihm das folgende Rezept:

Sesam in einer Pfanne ohne Zugabe von Fett anrösten. Sobald die Samen Farbe bekommen, in eine Schüssel umfüllen. Die Stärke mit 2–3 Esslöffeln Wasser anrühren. Den Zucker in einer Pfanne karamellisieren lassen, mit Wasser ablöschen und rühren, bis er sich aufgelöst hat. Essig, Sambal Oelek und Sojasauce unterrühren. Die angerührte Speisestärke zugeben. Unter Rühren köcheln lassen, bis die Sauce sämig und klar ist. Abkühlen lassen, dann den Sesam unterrühren.

Tipp: Die Sauce schmeckt fast zu jedem asiatischen Snack und veredelt selbst ganz schlichten Reis.

Tipp: Sollten Sie die Sauce länger aufbewahren wollen, empfiehlt es sich, den Sesam erst kurz vor der Verwendung unterzumischen, damit er nicht aufquillt.

Pflaumensauce
梅果汁

1/8 l Mangochutney
250 g Pflaumen ohne Stein
150 g Aprikosen ohne Stein
2 dünne Scheiben Ingwer
100 g Zucker
1/8 l Essig
150 g Apfelmus

Das Chutney mit einer Gabel zerdrücken. Pflaumen, Aprikosen und Ingwer sehr fein hacken. Alles in einem Topf gut mit Zucker, Essig sowie Apfelmus vermischen und zum Kochen bringen. Unter wiederholtem Rühren zugedeckt 50–60 Minuten köcheln lassen. Heiß in Twist-off-Gläser füllen und an einem dunklen Ort kühl lagern.

Tipp: Der Dip passt besonders gut zu braun Gebratenem und Frittiertem von Ente, Huhn und Rind.

Tipp: Sollte man feststellen, dass die Sauce zu dick ist, kann man sie mit etwas Wasser verdünnen.

Mangodip

芒果汁

- 1 rote Chilischote
- 1/2 grüne Chilischote
- 2 Mangos
- 1 Limette
- 1 Orange
- 2 Stängel Minze
- 1 TL Zucker
- 1/2 TL Salz
- 1 TL Weißweinessig

Die Chilischoten halbieren, entkernen und möglichst fein hacken. Mangos schälen, das Fruchtfleisch vom Stein lösen und fein würfeln. Limette und Orange auspressen. Minze abbrausen, trockenschleudern, die Blättchen abzupfen und in Streifen schneiden. Alle Zutaten mit Ausnahme der Minze im Mixer fein pürieren. Die Kräuterstreifen zum Schluss unterrühren.

Tipp: Dieser Dip passt besonders gut zu Gegrilltem, vor allem zu Saté-Spießen.

Thailändische Honigsauce

泰式蜂蜜汁

4 rote Chilischoten
3 Knoblauchzehen
2 cm Ingwerwurzel
1 rote Paprikaschote
1/4 l Essig
250 g Honig
2 EL Zucker
2 EL Erdnussöl
5 EL Sojasauce

Die Chilischoten halbieren und entkernen, Knoblauch und Ingwer schälen, Paprika von Stielansatz, Samen sowie Scheidewänden befreien und alles grob zerkleinern. Mit Essig, Honig, Zucker, Erdnussöl und Sojasauce grob im Mixer pürieren. In einen Topf umfüllen, erhitzen und sämig einkochen. Abkühlen lassen und in ein gut verschließbares Glas füllen. Die Sauce hält sich im Kühlschrank wochenlang.

Tipp: Passt zu Frühlingsrollen, Nudeln, Reis, Fleisch und Fisch.

Vietnamesischer Dip

越式醬汁

1 rote Chilischote
2 Knoblauchzehen
1/2 Zitrone
1 EL Zucker
3 TL vietnamesische Fischsauce (Nuoc mam)

Die Chilischote halbieren und entkernen, den Knoblauch schälen und beides grob zerkleinern. Die Zitrone auspressen. Die Chilischote, den Knoblauch, das Zitronenfleisch aus der Presse und den Zucker im Mixer pürieren. Den Zitronensaft langsam zugießen. Das Mus in eine Schüssel umfüllen. Mit der Fischsauce und etwas Wasser vermischen.

Tipp: Der Dip passt besonders gut zu Frühlingsrollen und Dim Sums mit Fischfüllung.

Indonesische Erdnuss-Sauce

印尼式花生醬汁

300 g ungesalzene Erdnüsse
1 Knoblauchzehe
1 Zwiebel
2 rote Chilischoten
1/2 Limette
1 TL Erdnussöl
1 1/2 EL brauner Zucker
Salz
1/4 l Kokosmilch

Die geschälten Erdnüsse in einer Pfanne ohne Zugabe von Fett anrösten. Die Knoblauchzehe und die Zwiebel schälen, die Chilischoten halbieren und entkernen. Alles fein würfeln. Die Erdnüsse grob hacken. Die Limette auspressen. Das Erdnussöl in einem Wok erhitzen und die gewürfelten Zutaten darin pfannenrühren, bis Knoblauch und Zwiebeln goldbraun sind. Erdnüsse, Zucker, Salz und Kokosmilch zugeben, verrühren und sämig einkochen lassen.

Tipp: Die Sauce passt besonders gut zu Saté-Spießen mit Fleisch.

Glossar

Austernsauce. Eine dickflüssige braune Sauce, die aus Austernextrakt, Stärke und diversen Gewürzen hergestellt wird. Sie wird in verschiedenen Preisstufen und Sorten (u.a. auch eine vegetarische Variante) angeboten. Hochwertige Produkte unterstreichen, ohne aufdringlich zu sein, den Eigengeschmack von Fleisch, Geflügel, Schalentieren und gebratenem Reis. Die billigen sind vor allem intensiv salzig.

Bambussprosse. Die Sprösslinge des immergrünen Bambus werden bei uns selten frisch in ganzen Sprossen, meist als Dosenware in Scheiben oder Streifen angeboten. Sie sind blassgelb, in Geschmack und Konsistenz unserem Kohlrabi ähnlich und sollten nicht roh gegessen werden, da sie giftige Blausäure enthalten. Durch Erhitzen wird sie unschädlich gemacht, darum empfiehlt es sich, die Sprossen zu blanchieren oder pfannenzurühren.

Bananenblatt. Die Blätter der Bananenstaude sind zwar selbst nicht zum Verzehr geeignet, sind aber trotzdem sehr nützlich. Sie werden vor allem in Thailand verwendet, um empfindliches Gargut vor dem Dämpfen darin einzuwickeln. Die Blätter haben nämlich während des Garvorgangs eine ähnliche Wirkung wie die moderne Bratfolie: Die Speisen bleiben aromatisch und saftig. Und dekorativ sind Bananenblätter außerdem. Sie können tiefgekühlt aufbewahrt werden.

Black bean sauce (Schwarze-Bohnen-Sauce). Die pastenähnliche Sauce wird aus kleinen schwarzen Sojabohnen unter Beigabe von Salz sowie Gewürzen hergestellt und ist in Gläsern oder als Dosenware erhältlich. Sie duftet würzig und verleiht Speisen einen angenehm aromatischen Geschmack – auch in Verbindung mit frischem Ingwer und Knoblauch.

Chilischote. Die Beeren verschiedener Paprikaarten werden frisch und getrocknet als Gewürz angeboten. Sie sind hinsichtlich der Farbe (rot, grün, gelb), des Geschmacks, vor allem aber der Schärfe, sehr unterschiedlich. Als Faustregel für die Ampelkoalition gilt: je kleiner, desto schärfer. Europäer sollten die in asiatischen (besonders thailändischen) Rezepten angegebenen Chilimengen an den jeweiligen Geschmack anpassen und sicherheitshalber die Samenkörner aus den längs halbierten Chilischoten entfernen, das nimmt einen Teil der Schärfe.

Erdnussöl. Es gehört unter anderem deshalb zu den Lieblingsölen der asiatischen Köche, weil es einen neutralen Geschmack mit einem leichten Duft nach gerösteten Erdnüssen verbindet. Vor allem aber lässt es sich sehr hoch erhitzen, was für das Pfannenrühren, besonders aber für das Frittieren, sehr wichtig ist. Seiht man es nach dem Abkühlen durch ein feines Tuch, kann man es 2–3 mal wieder verwenden.

Fischsauce. Die intensive, salzige Würzsauce wird aus fermentiertem Fisch hergestellt. Das „flüssige Salz Asiens" wird vor allem in Ost- und Südostasien als Würzmittel beim Pfannenrühren oder Kochen und für die Herstellung von Dips verwendet. Da der Salzgehalt sehr unterschiedlich ist, sollte man sie vor der Verwendung unbedingt probieren. Für Dips eignet sich natürlich eine weniger salzige Fischsauce besser.

Fünf-Gewürze-Pulver. Das scharf-würzige Pulver stammt aus China und besteht üblicherweise aus Nelken, Fenchelsamen, Sternanis, Zimt und Szechuan-Pfeffer. Die leicht süßlich duftende, goldbraune Mischung wird sparsam verwendet und verleiht vielen Gerichten die besondere asiatische Note.

Galgantwurzel. Der große Galgant bildet größere Wurzeln aus als der verwandte Ingwer, und seine Schale hat im Unterschied zu ihm eine leichte Rosafärbung: Er verleiht Gerichten ein frisches, pfeffriges Aroma, das milder und feiner als das des Ingwers ist. Sollte man Galgant bekommen, ist er dem Ingwer vorzuziehen.

Hoisin-Sauce. Die kastanienbraune Sauce wird aus Sojabohnen, Chilischoten, Knoblauch, Sesamöl, Essig, Zucker und Salz hergestellt. Sie hat eine dickflüssige Konsistenz und ein süß-scharfes Aroma. Man verwendet sie vor allem für Gerichte mit Enten-, Rind- oder Schweinefleisch und Schalentieren.

Ingwerwurzel. Ein asiatisches Sprichwort sagt, für die Küche unentbehrlich seien zwei Dinge: ein Wok und frischer Ingwer. Das leicht süßliche und zugleich würzig scharfe Aroma der Knolle verfeinert sowohl Gemüse-, Fleisch- und Fischgerichte aus dem Wok als auch Suppen und Saucen. Im Einzelhandel werden oft ganze Wurzeln oder Teilstücke angeboten. Sie sollten eine dünne, glatte, hellbraune Haut haben und innen hellgelb und fest sein. Das aus der Ingwerwurzel hergestellte Pulver hat ein noch intensiveres Aroma.

Kohl. In Asien wird Kohl in unterschiedlichen Sorten sehr geschätzt und vielseitig verwendet: Asiatische Weißkohlsorten sind zwar kleiner als die europäischen, ihnen geschmacklich jedoch sehr ähnlich. Sie werden auch ganz ähnlich eingesetzt. Der aus dem gleichnamigen Land stammende Chinakohl ist in ganz Asien, längst aber auch bei uns sehr beliebt. Die Blätter seiner lockeren, fast strunklosen Köpfe schmecken roh als Salat, aber auch pfannengerührt besonders gut.

Kokosmilch. Sie wird aus den Früchten der Kokospalme gewonnen. Genauer gesagt stellt man sie aus geraspeltem Kokosnussfleisch und Wasser her. Es gibt sie in guter Qualität als Konserven zu kaufen. Für herzhafte Gerichte benötigt man in der Regel ungesüßte Kokosmilch. Gesüßte Kokoscreme wird dagegen meist für Süßspeisen verwendet. Ungesüßte Kokoscreme wird auch dehydriert und zu einem Block gepresst angeboten. Man kann sie im Kühlschrank länger lagern, bei Bedarf kleine Stücke abschneiden und sie in Flüssigkeit auflösen.

Koriandergrün. Das unserer glatten Petersilie ähnelnde Kraut ist für viele asiatische Gerichte unentbehrlich. Es hat ein eigenwilliges, für viele gewöhnungsbedürftiges Aroma. Es ist sehr dominant, darum sollte man zu Anfang mit der Dosierung vorsichtig sein. Koriandergrün kann nur frisch verwendet werden, da es sich nicht zum Trocknen eignet, ist aber bei uns inzwischen selbst in Supermärkten erhältlich.

Limette. Die kleinen kugeligen oder ovalen Früchte eines kleinen tropischen Baumes haben eine dünne gelbgrüne bis gelbe Schale und ein aromatisch-saures, gelbgrünes bis blassgelbes Fruchtfleisch. Eine saftarme, aber besonders aromatische Variante ist die aus Thailand stammende, etwas größere und schrumpeligere Kaffir-Limette. Auch die Blätter dieser Limette werden in den asiatischen Küchen häufig zum Würzen eingesetzt.

Mu-Err-Pilz. Ein auch „Wolkenohr" genannter Speisepilz, der häufig in den Küchen Ostasiens eingesetzt wird. Getrocknet sieht er ein wenig „verkohlt" aus. Er muss eingeweicht werden und nimmt dabei erheblich an Volumen zu. Vor der Verwendung sollte er gründlich gewaschen werden, da er oft sehr sandig ist. In Verbindung mit Fleisch, Gemüse, Eiern und Nudeln gegart, entwickelt er ein zartes Aroma und einen angenehmen Biss.

Nudeln. In Asien gibt es mindestens eine ebenso große Vielfalt an Nudelsorten wie in Europa. Sie werden dort nicht nur aus den bei uns üblichen Mehlsorten wie Weizen- oder Buchweizenmehl, sondern auch aus Reismehl und verschiedenen Stärkesorten hergestellt. Die dünnen, durchsichtigen Glasnudeln z.B. (auch Vermicelli, Cellophan- oder Seidennudeln genannt) bestehen aus gemahlenen Mungbohnen und Wasser. Sie werden meist als Suppeneinlagen und als Bestandteil von Füllungen verwendet. Leicht zu verwechseln damit sind die Rice-Vermicelli, die aus Reismehl gemacht sind.

Plum sauce. Die Plum sauce, die es in Asienläden fertig zu kaufen gibt, liegt in der Konsistenz zwischen Pflaumenmus und -marmelade. Sie wird aus japanischen dunklen, säuerlichen Pflaumen, Knoblauch, Ingwer, Essig, Zucker und allerlei Gewürzen hergestellt. Die Sauce hat ein pikant süßlich-scharfes Aroma und ist so lecker, dass man sie wirklich am besten kauft. Eine Pflaumensauce ganz anderen Charakters, auch sehr lecker natürlich, finden Sie auf S. 114.

Red pork marinade. Die Gewürzmischung stammt aus Thailand und ist auch unter dem Namen „Roast red pork seasoning mix" im Handel. Sie besteht aus Sojasaucenpulver, rotem Reis, Salz, Zucker und verschiedenen Gewürzen. Man vermischt sie mit Wasser, Öl sowie Sojasauce und mariniert darin Schweinefleisch. Sie ist aber auch als Marinade für Geflügel geeignet.

Reis. Die ersten Funde, die den Reisverzehr in Asien belegen, sind 10.000 Jahre alt. Dem Reis kommt dort als Grundnahrungsmittel eine immense Bedeutung zu. Dies zeigt sich nicht zuletzt in der Vielzahl von Sorten, die von Indien und China bis Südostasien gezüchtet wurden. Die wichtigsten Unterscheidungen sind die zwischen Lang-, Mittel- und Rundkornsorten, Klebreis und nicht klebenden Sorten sowie die nach Farben (weißer, brauner, roter, grüner, schwarzer). In Thailand sind Duftreis, ein Langkornreis mit zartem Duft, und Rundkorn-Klebreis die beliebtesten Reissorten. Eine Spezialität Japans ist der Sushi-Reis, eine Mittelkornart.

Reiswein. In der Regel versteht man darunter Spirituosen, die wegen ihres Alkoholgehalts von 20–30 Vol. % eigentlich keine Weine im herkömmlichen Sinne, sondern Branntweine sind. Sie werden aus fermentiertem Reis hergestellt und sind in vielen asiatischen Rezepten zum Marinieren vorgesehen. Chinesen bevorzugen den bernsteinfarbenen, süßen Shaoxing-Reiswein, Japaner dagegen den trockenen Sake. Man kann beide durch süßen bzw. trockenen Sherry ersetzen. Davon zu unterscheiden ist der japanische Mirin, ein süßer Reiswein mit einem Alkoholgehalt von 14 Vol. %, der nicht zum Trinken, sondern nur zum Kochen geeignet ist.

Sesam. Die Samen werden in Afrika, Südamerika, Indien, Thailand, Vietnam und China angebaut. Die 2 Millimeter großen schwarzen oder weißen Körner enthalten bis zu 30 % Eiweiß und 60 % Öl. Leicht in einer fettfreien Pfanne angeröstet, verfeinern geschälte Sesamsamen auch pikante oder süße Gerichte und Backwaren.

Sesamöl. Das Öl wird aus schwarzen und weißen Sesamsamen gewonnen. Es ist dickflüssig, bernsteinfarben und sehr intensiv würzig. Nur wenige Tropfen des Sesamöls geben einem Gericht einen unverkennbaren aromatisch-nussigen Geschmack. In den asiatischen Küchen wird es zum Würzen von Marinaden, Fleisch, Fisch, Nudelgerichten und Suppen verwendet. Es ist zwar, wenn es echt ist, teuer, aber es wird wie gesagt sehr sparsam verwendet.

Shiitake-Pilz. Die Pilze sind bei uns unter ihrem japanischen Namen bekannt, in China heißen sie „dong gwoo". Sie haben ein festes Fleisch, einen feinen Geschmack und sind ausgesprochen gesund. Getrocknet sind die Shiitake-Pilze bei uns schon lange erhältlich. Inzwischen werden sie aber auch im Westen gezüchtet und sind darum auch frisch im Handel.

Sojasauce. Sie wird in Asien aus Sojabohnen und Weizen produziert. Die Mischung wird mit einem speziellen Schimmelpilz geimpft und einem Fermentierungsprozess ausgesetzt, der einige Monate bis mehrere Jahre dauern kann. Danach wird die entstandene Flüssigkeit gefiltert, mit Salz versetzt, abgefüllt und in unterschiedlichen Sorten und Geschmacksrichtungen in den Handel gebracht: Helle Sojasauce ist dünnflüssig und hat ein leicht salziges Aroma. Sie wird hauptsächlich zum Kochen verwendet. Dunkle Sojasauce ist dickflüssiger, dunkler, süßlich und sehr aromatisch. Süße Sojasauce ist dickflüssig, dunkel und mit Zucker sowie Malz gesüßt. Sie eignet sich zum Süßen von Speisen und wie die dunkle Sojasauce auch als Dip.

Sojasprossen. Nach mehrtägigem Ankeimen gewonnene Sprossen von Sojabohnen oder aber, wie meistens bei uns angeboten, von Mungbohnen (auch Mungo-Bohnen genannt). Sie sind zwar auch als Dosenware im Handel, aber es empfiehlt sich, sie frisch, also saftig und knackig, zu kaufen. Die Sprossen sind sehr vitaminreich und damit ein wertvoller Beitrag zur gesunden Ernährung. Besonders gut schmecken sie frisch bwz. kurz überbrüht im Salat oder pfannengerührt.

Speisestärke. Wird aus Kartoffelmehl, gemahlenen Hülsenfrüchten oder Getreide gewonnen. Besonders bekömmlich ist die Maisstärke. Außerdem wird Fleisch, darin gewendet, beim Braten oder Frittieren besonders zart. Zum Binden von Saucen eignen sich am besten Weizen- oder Kartoffelstärke. Ein Tipp: Wenn Sie gebundene Sauce einfrieren, wird das nach dem Auftauen eine recht flüssige Angelegenheit, denn durch Minusgrade verliert Stärke ihre bindende Wirkung. Die Sauce muss nochmals aufgekocht und erneut mit Stärke gebunden werden.

Teigblätter. Es gibt eine Vielzahl von Rezepten zur Herstellung von Teigblättern meist aus Reis- oder Weizenmehl für Frühlingsrollen, Won-tans usw. Doch in der Regel ist die Herstellung ebenso langwierig wie mühselig. Doch keine Sorge, man kann sie in guter Qualität frisch oder tiefgefroren in Asienläden vergleichsweise preiswert kaufen: Frühlingsrollen-Teigblätter werden aus Reismehlteig hergestellt und in eckiger Form in verschiedenen Größen angeboten. Reisblätter, hauchdünne, runde Teighüllen, werden mit unterschiedlichem Durchmesser ebenfalls aus Reismehl, Wasser und Salz produziert und z.B. für vietnamesische Frühlingsrollen eingesetzt. Won-tan-Blätter bestehen aus einem Eier- oder Getreideteig und sind etwas dicker als die vorher genannten. Man kann zwischen runden und eckigen wählen.

Thai-Minze. Sie ist eine zartere und feinere Verwandte unserer Gartenminze und ist bei uns in gut sortierten Asienläden frisch erhältlich.

Tofu. Ein auch Sojaquark genanntes Lebensmittel, das man aus Sojamilch gewinnt. Diese wird mit Salz sowie Säuren behandelt und gleichzeitig erhitzt. Nachdem sich der Quark abgesetzt hat, wird ihm durch Pressen noch mehr Wasser entzogen. Tofu ist ein wertvoller und zudem preiswerter Proteinlieferant – nicht nur für Vegetarier. Er wird in verschiedenen Konsistenzen und Varianten (besonders originell: der geräucherte Tofu) angeboten. Da er von sich aus einen neutralen Eigengeschmack hat, kann er sowohl für pikante als auch für süße Speisen verwendet werden.

Wasserkastanien. Die walnussgroße Knolle einer schilfartigen Wasserpflanze wird u.a. in China auf den Märkten ungeschält und frisch angeboten. Bei uns ist das weiße, knackige, leicht süßliche Fruchtfleisch der Wasserkastanie aber nur geschält als Dosenware erhältlich. Es erinnert in Konsistenz und Farbe an die bei uns bekannten Esskastanien.

Zitronengras. Eine Grassorte mit knollig verdickten weißen Enden und grünen robusten Blättern. Sie hat ein kräftiges Zitronenaroma. Meistens verwendet man nur den unteren hellen Teil des Zitronengrases. Man kann die Stängel aber auch von den losen Blättern befreien, anspitzen und als Spieße einsetzen. So geben sie während des Grillens ihr Aroma an das Gargut ab. In Südostasien wird Zitronengras sehr oft für das Würzen von Salaten, Suppen, Fonds, Marinaden, Fleisch-, Fisch- und Gemüsegerichten eingesetzt.

Verzeichnis der Rezepte

東 方 美 味 指 食